동아시아 속
종교와
과학의 만남

# 동아시아 속 종교와 과학의 만남

메타모포시스
교양문고
02

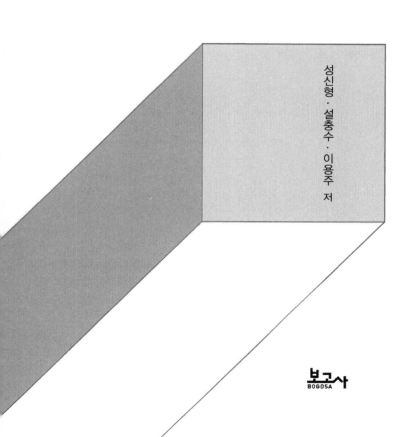

성신형 · 설충수 · 이용주 저

보고사
BOGOSA

만남은 늘 새로움을 추구한다. 우리에게는 무수한 만남이 기다리고 있다. 즐거운 만남 또는 슬픈 만남, 모두 우리를 성숙시키는 만남이라고 본다. 즐거움은 즐거움대로 만남을 통해 새로움을 얻고 또 그 속에서 즐거움을 얻는다. 슬픈 만남은 슬픈 대로 우리의 마음을 아프게 하지만 그 아픔을 딛고 더 나은 새로움으로 나갈 용기를 줄 것으로 믿는다. 한 인간의 삶도 이럴진대, 무수하게 다른 것들이 서로 만남을 이루었을 때는 어떨까?

종교와 과학의 만남은 이런 기대감을 갖고 다시 대할 수 있는 부분이라고 생각한다. 즐거운 만남인지 아니면 슬픈 만남인지 아니면 또 다른 무엇인지, 그 기대감을 갖고 살펴볼 수 있을 것이다. 종교는 인간의 정신사에 관한 이해로 먼 과거로부터 인류에게 중요한 것이 되어 왔다. 반면 과학은 주로 그리스인들과 아랍인들 사이에서 드러났다 없어졌다 하다가, 16세기에 이르러 그 중요성을 드러내기 시작했다. 이후 점차 인류사회가 이에 대한 사상과 제도 등을 형성했다. 종교가 초자연적인 것을 추구하는 인류사회의 모습을 대변하는 것이라면, 과학은 초자연적인 것에 의존하지 않고 자연법칙에 제한을 두려고 한다. 사실 종교와 과학은 사고범주에서 서로 다른 것이라고 볼 수 있다. 종교가 신앙에 기초한 주관적 요소에 강조점이 있다면 과학은 관찰과 추론에 기초한 객관적 요소를 강조한다. 이렇게 서로 다른 것이 만남을 추구할 때는 어떤 만남이 있었는지 그리고 이 만남은 어떤 방향으로 나아가야 하는지 등 만남을 바라보는 기대를 품게 한다.

아마도 이런 기대에서 시작된 글이 오늘 이 책자가 나오게된 동기가 되지 않을까 생각한다. 특별히 우리가 살아가고 있는 동아시아라는 문화적 배경에서 종교와 과학의 소재를 갖고 그만남을 살펴보고자 했다. 성신형 교수는 "유학과 과학의 만남"의 주제로 조선시대 유학과 과학의 관계를 어떻게 이해할지 고찰했다. 오늘날의 상황과 다른, 조선시대에 과학이 있었을까? 아마도 우리의 지적 호기심을 자극하는 부분일 것이다. 유교 전통의 지배가 강했던 사회에서 과학은 보다 실용적인 삶을 추구하는 방향으로 나아갔을 것이다. 도덕질서를 넘어서 보다 실질적인 삶에 도움이 되는 기술발전이 과학에 대해 관심을 갖게 된 동기이기도 했다. 주로 중국을 통해 서양선교사들이 전달해준 서양과학에 대한 호기심 그리고 이를 우리식으로 풀어내려고 노력하는 모습이 우리 조상들의 낯선 것에 대한 생각이지 않았을까?

얼마전 영화 "자산어보"가 개봉했다. 우리 조상들의 모습, 특히 사물에 대한 공부를 통해 과학의 길을 찾아나가는 모습은 아마도 스스로의 틀을 깨고 낯선 것에 대해 더 깊이 알아가는 과정이다. "친구를 깊이 알면 내가 깊어진다"(정약전의 말) 비록 조선시대가 가지고 있는 생각의 틀의 한계가 있지만, "유학과 과학의 만남" 이 글에서 우리는 좀 더 우리 조상들의 지혜를 배워나가지 않나 생각한다.

설충수 교수는 "종교와 과학의 만남"의 주제로 과거 동아시아 전통에서 기독교의 유입과정이라 할 수 있는 선교과정에서 과학이 어떤 작용을 일으키고 있는지를 세계지도를 통해 살펴보고 있다. 특히 마테오 리치가 제작한 "곤여만국전도"와 "양의현람도"를 통해 낯선 세계관의 충돌을 불러 일으킨 지원설 대 지방설의 논쟁, 대척지 논쟁 등 서로 다른 것이 만날 때 일으킬 수 있는 충돌 그리고 이 충돌을 넘어서서 자신의 고유한 이해는 어떻게 만들어가야 하는지를 고찰하고 있다.

천원지방적 세계관 중심에서 "하늘과 땅의 모양이 새알과 같아 하늘이 땅의 바깥을 싸서 마치 알 껍질이 노른자위를 싸고 있는 것" 같다고 주장한 혼천설적 세계관의 변천을 살펴보면서 동양전통의 틀에서 어떻게 서양의 과학 세계관을 이해해 나갈지를 궁구하는 모습은 좀 더 주체적인 시각에서 서양문물과 과학을 수용하고자 한 동양의 진정성을 엿볼 수 있는 장면이다. 비록 서양 선교사가 전달한 과학이 선교를 위한 것이고 또한 중국적 오류를 지적하고자 하는 서양중심의 우월주의적 시각이 같이 들어있긴 하지만, 동양 지식인들은 동양 사회를 일방적으로 서구화한 것이 아니었다. 도리어 이런 서방과학을 전통적 지식 공간 안에 다양한 방식으로 자리매김 시키려는 토착화의 과정을 보여주고 있다. 그리고 이런 토착화의 과정은 실용적 지식세계관 위에 과학과 전통이 좀 더 어떻게 공존할 지를 찾아나가고 있다. 동양에 유입된 세계지도의 역사를 통해 우리는 동양 전통과 과학이 어떤 만남을 만들어 가는지 그 길을 찾아볼 수 있을 것이다.

끝으로 이용주 교수는 "교회와 진화론의 만남: 교회의 상호 메타모르포시스, 그 역사와 전망"의 주제로 기독교의 과학에 대한 이해, 특히 진화론에 대한 이해의 역사 그리고 그 전망을 고찰하고 있다. 구체적으로 다윈 진화론에 대한 과학계와 교회의 다양한 반응을 고찰하는데, 여기서 살펴볼 수 있는 것은 교회 안에 진화론을 강경하게 거부하는 사람들만 있는 것이 아니라는 것이다. 이것은 기독교가 진화론과 만날 수 있는 가능성을 열어놓았으며, 나아가 진화론을 통해 창조주에 대한 신앙을 더 강화하는 경향으로 나아갈 수 있는 길을 제시했다.

물론 20세기 이후 교회의 진화론 수용에 관한 다양한 형태들에 대한 분석에서 철저한 거부로 분류될 수 있는 창조주의와 지적설계론을 통해서 보면, 여전히 교회 내에 주류라고 할 수 있는 시선이 진화론을 거부하는 관점임을 알 수 있다. 하지만 이런 자연선택이론의 전제 위에서 제시된 자연주의를 거부하는 분위기에서도 진화론을 수용하려고 하는 관점은 우리에게 주는 의미가 많다고 생각한다. 진화라는 개념은 기독교 창조주에 대한 신앙에 대립적인 것이 아니라 창조주가 인류에게 선물한 생명의 기원과 발전에 대한 적극적인 해석으로 활용될 수 있음을 보여주고 있다. 신의 창조는 일회적으로 끝나는 것이 아니라 지속적인 창조로 신의 창조활동은 자연의 진화 과정 가운데에 나타나고 있음을 밝히는 수용관점이라 할 수 있다.

이런 지적 유희를 즐기다보면 그럼 왜 기독교는 여전히 진화론에 대해 거부의 입장을 견지하는 것인가? 이에 대한 대답으로 이런 거부의 입장 속에 숨겨져 있는 사회학적 이해를 인내심을 갖고 읽어 나가야 할 부분이라고 본다. 19세기 말 계몽주의와 근대의 합리화의 영향으로 전통적 종교, 세계관이 무너지면서 기독교의 위상도 흔들릴 수밖에 없었다. 아마도 이런 외부의 두려움은 안으로 더욱 문을 잠가놓고 자신을 지키려하는 지도 모른다. 이런 맥락에서 교회의 창조주의 논의는 진화론의 진위를 검증하려는 과학적 논의가 아니라 성서문자주의에 기초한 교회 내의 반근대주의 운동이라고 볼 수 있다.

이상의 세 글은 우리에게 전통과 과학의 만남, 세계지도라는 과학을 통해 본 종교와 과학의 만남 그리고 진화론을 통해 본 종교와 과학의 만남을 제시하고 있다. 각각 우리의 옛 조상인 조선시대 지식인의 전통의 틀 안에서 과학을 인식하는 길, 선교의 수단으로 과학이 활용되면서 서로 다른 동, 서양이 어떻게 서로 알아가는지 그리고 기독교의 오랜 과제처럼 여겨지고 있는 진화론에 대한 인식. 아마도 이 세 글은 각각 우리가 살아가고 있는 동아시아의 배경과 의미에 기초를 두고 있으며 기독교 자체로서 생각해야 할 진화론 뿐만 아니라 기독교가 전파되는 선교 과정에서도 어떻게 과학이 활용되고 의미를 지니는지 살펴나가고 있다고 본다.

물론 종교와 과학의 만남은 여전히 지속적인 문제라고 본다. 보다 건강한 대화와 만남을 이루기 위해 과거의 것으로만 그치는 것이 아니라 지난 것들을 반성하고 이를 통해 다시 태도와 자세를 바꾸어 대화와 만남에 임해야 됨을 의미한다. 이 책자가 이런 의미있는 작업의 첫걸음이 되기를 바란다. 독자들의 이해를 돕기 위해 매 글마다 더 읽어볼 꺼리를 더해 생각의 장을 만들었다.

# 차례

# 유학과 과학의 만남

성신형

## 유학과 과학이 무슨 관련이 있을까?

인류 문명은 포스트모던(post-modern) 시대를 지나서 과학기술의 시대라고 할 수 있는 포스트휴먼(Post-human) 시대로 넘어가고 있다. 인공지능(AI)과 로봇기술의 발달로 인류의 미래는 과학과 함께 전개될 것이다. 이런 시대에 유학(유교)에 대해서 묻는다면 사람들은 고리타분하게 생각할 것이다. 이미 지난 전통의 가치라고 생각되는 유교에 대해서 오늘 포스트휴먼 과학시대를 살아가는 사람들에게 이야기하는 것은 어리석은 일이 될 것이다. 그런데 만약 '유교와 과학이 어떤 관련이 있을까?'라고 질문한다면 어떤 대답을 찾을 수 있을까? 아마도 이러한 질문을 받는다면 누구도 쉽게 그 답을 제시하지 못할 것이다. 그렇다면 질문을 조금 바꿔서 '유교를 대표하는 시대인 조선시대에 유명한 과학자는 누구였나요?'라고 질문한다면, 아마도 장

영실이나 세종대왕 같은 사람들이 생각날 것이다. 이 두 사람의 이야기는 영화로도 만들어질 만큼 유명한 이야기이니 그렇다고 하더라도, 사람들이 유교와 과학의 관련성에 대해서 생각하는 것은 매우 어려운 일이다.

그렇다면 정말로 유교와 과학은 전혀 관련이 없는 것일까? 조선시대에는 과학기술은 별로 중요하지 않았고, 실제로 활동했던 과학자들도 거의 없었다고 생각해도 되는 것일까? 물론 오늘날 우리가 살아가는 시대의 기준으로 본다면, 우리가 생각하는 의미의 과학자는 없었을지도 모른다. 하얀 가운을 입고 실험실에서 현미경을 가지고 무엇인가를 연구하거나, 거대한 기계를 만들어서 그것을 생활에 사용하거나 하는 일은 일어나지 않았기 때문이다. 그런데, 오늘날 우리가 살아가는 이 시대의 기준을 적용해서 당시의 사람들의 삶에 그대로 적용하는 것은 적절한 일인지 생각해보아야 한다. 왜냐하면 당시의 시대적인 상황은 오늘날의 상황과는 완전히 다르기 때문이다. 그렇다면, 오늘 우리가 조선시대 유교적인 전통 속에서 과학에 대해서 이해할 수 있는 방법은 없는 것일까? 물론 그렇지 않다. 당시의 사람들도 그 시대의 실용적인 삶의 과제가 있었고 그런 것들은 과학으로 드러나곤 한다. 이에 지금 오늘의 기준으로 당시의 과학에 대해서 판단하는 것이 아니라, 당시의 시대적인 상황에서 과학기술이 어떻게 발전했는지를 이해해보도록 하자.

## 서학, 우주론, 실학

조선 근대시기의 유학과 과학기술의 만남을 이해하려면 서학, 우주론, 실학 등의 개념들을 이해할 필요가 있다. 왜냐하면, 이 세 개념은 이 시기 유학과 과학의 관련성을 이해하는 토대이기 때문이다.

### 서학

서학이라는 용어는 명말·청초의 중국에서 선교활동을 하던 예수회(耶蘇會, Society of Jesus) 소속의 선교사 마테오 리치(Ricci, M., 利瑪竇)가 1601년에 선교를 시작한 이래로 가톨릭 선교사들이 서양서적을 한문으로 번역, 간행하면서부터 처음 사용되었으며, 이러한 책들을 '한역서학서(漢譯西學書)' 혹은 '서학서(西學書)'라고 불렀다. 바뇨니(Vagnoni, A., 高一志)는 서양 정치학개론서인 『서학치평(西學治平)』·『민치서학(民治西學)』과 서양윤리학서인 『수신서학(修身西學)』 등을 저술하였으며, 알레니(Aleni, J., 艾儒略)는 서양교육 및 학술개론서인 『서학범(西學凡)』을 저술하였다. 이와같이 선교사들은 천주교 신앙을 보다 효과적으로 전도하기 위하여 서양문명을 알려 주는 서적을 한문으로 번역, 저술하면서 서양학술, 기술 및 문화를 '서학'이라는 용어로 사용하였다. 조선에서는 17세기에서 19세기 전반까지 조선 후기 사회의 지식인들이 한역서학서와 서양 과학문물을 섭렵하고 전개시킨 학문적

연구로 '조선서학(朝鮮西學)'이라는 용어가 사용되기도 하였다.

## 우주론

유학의 우주론은 상제(上帝), 천(天), 천지(天地), 도(道), 자연(自然) 등의 개념으로부터 유래하였는데, 이런 개념들은 세계의 근원을 지칭하는 용어들이다. 유학의 우주론은 특히 『역경(易經)』에서 잘 드러나는데, 『역경(易經)』은 세계가 음양의 조화와 구조적 결합에 의해서 이루어진 것으로 보고 있다. 이러한 변화의 전개 과정은 태극(太極) → 음양(陰陽) → 사상(四象) → 팔괘(八卦)의 도식으로 설명된다. 송대 성리학의 발전 시기에는 우주는 이(理, 태극[太極])와 기(氣[陰陽五行])의 결합에 의해 형성된 것이라는 생각으로 발전하였는데, 이러한 우주론을 이기론적 우주론이라고 한다. 조선의 성리학은 송대 성리학(주희)의 우주론을 수용하였지만, 이것이 크게 발전되지는 않았다. 왜냐하면 송대 성리학은 우주론·존재론적 문제에 집중하였던 반면, 조선의 성리학은 심성론과 같은 인간의 문제에 관심을 가지고 발전되었기 때문이다. 그러나 이런 흐름 가운데에서도 우주론을 전개한 사상가들이 꾸준히 등장하였는데, 조선 중기의 서경덕(徐敬德)과 이이(李珥), 조선 후기의 최한기(崔漢綺)로 대표되는 기철학파(氣哲學派)들이 바로 그들이다. 서경덕과 이이 등이 발전시킨 우주론은 단순한 물리적인 차원의 생각이 아니라, 형이상학적 본체론을 담지하고 있는 것으로, 이러한 흐름은 조선 후기 기철학을 발전시킨 사상가들에 의해 계승되면서 실학의 발전과 함께 서구의 세계관으로부터 영향을 받아서 더욱 발전되었다. 그리하여 홍대용(洪大容)·박지원(樸趾源)과 같은 실학자들은 서구의 근대적 세계관을 수용하여 자연과학에 기초한 우주관을 가지게 되었다. 최한기는 이러한 실학적 우주관을 기초로 그의 철학 체계를 발전시켰다.

### 실학(實學)

'실학'이라는 용어는 조선왕조 성립 전후에 처음 등장하였다. 이제현(李齊賢, 1287~1367)과 정도전(鄭道傳, 1337~1398) 그리고 권근(權近, 1352~1409)등이 이 용어를 먼저 사용하였다. 그들은 자신들이 새롭게 도입하고자 했던 성리학을 '실학(實學)'이라고 불렀다. 그들은 한나라와 당나라의 유학은 훈고(訓詁)와 사장(詞章)에 치우쳤기 때문에 성리학이 더 우월하다고 주장하였다. 그리고 성리학이 불교보다 '제가(齊家)·치국(治國)·평천하(平天下)'의 실현을 위한 것으로 확신하면서 성리학을 '실학'이라고 불렀다. 조선 중기에 이황(李滉, 1501~1570)과 이이(李珥, 1536~1584)도 성리학에서 중심하고 있는 수기안인(修己安人)을 '실학'으로 인식하기도 하였다. 한편 조선 후기 윤증(尹拯, 1629~1714)은 예론을 강조하며 예학(禮學)을 실학이라고 인식하기도 하였다. 이처럼 조선의 성리학자들은 주희(朱熹)를 기준으로 삼아 자신의 유학적 학문체계를 '실학'이라고 인식하기도 하였다. 한편, 조선 후기에는 경세치용적(經世致用的) 학문을 강조하면서 '실학'(實學)이라는 단어를 사용하였다. 예를 들어, 유형원(柳馨遠, 1622~1673)이 '경세치용'을 강조하고, 이익(李瀷, 1681~1763)도 치국평천하(治國平天下)의 경세를 역설하면서 직접 '실학'이라는 용어를 사용하였다. 홍대용(洪大容, 1731~1783)은 한·당의 유학전통인 사장(詞章), 기송(記誦), 훈고(訓詁)와 구별되며, 노장사상, 불교, 성리학 등과는 다른 학문체계로서 '실학'을 제시하고자 하였다. 박지원(樸趾源, 1737~1805)은 선비란 농공상(農工商)의 이치를 함께 연구하는 '실학'을 추구해야 하며, 농공상 종사자들이 자신의 일에 실수가 있는 것은 선비에게 '실학'이 없기 때문이라고 주장하였다. 김정희(金正喜, 1786~1856)는 '실사구시'의 학문태도를 강조하였고, 이와 비슷하게 최한기(崔漢綺, 1803~1879)도 사농공상에 걸친 실사(實事)의 탐구를 실천할 것을 강조하였다. 이와 같이 유일 기준으로 제시된 주자(朱子)의 사상을 발전시키면서도 공·맹이 발전시킨 원초유학(原初儒學)의 왕도정치론을 조선에 맞게 변용한 유학적 전통을 '실학'이라고 부른다.

# 근대 조선시기 과학을 중시한 사상가들

근대 조선시기의 유학과 과학의 관계를 어떻게 이해할 것인가? 조선시대의 과학과 기술은 사회적 흐름 속에서 발전되었다기 보다는 사상가들에 의해서 발전되고 설명되었다. 이에 우리는 과학과 관련된 어떤 특정 분야나 기술을 이해하고 접근하지 않고, 중요한 인물별로 과학과 유학의 관계를 이해하려고 한다.

## 장현광(張顯光, 1554~1637)의 우주론

장현광은 조선 중기 사람이다. 그러나 이 사람을 여기에서 소개하는 이유는 그의 우주론이 조선 근대 실학자들에게 큰 영향을 미쳤기 때문이다. 장현광은 1567년부터 진사 장순(張峋)에게 학문을 배웠고, 1571년 『우주요괄첩(宇宙要括帖)』을 써서 대학자로 면모를 드러내었고, 이를 계기로 1576년 조정에 천거되었으나, 수없이 많은 정치참여의 요구도 거절하고, 현실 정치에 발을 딛지 않고, 자신의 학문을 계속해서 발전시켜갔다. 예를 들어, 1591년 겨울 전옥서참봉(典獄署參奉)에 임명되었으나 거절하였고, 그 다음 해에 임진왜란이 일어나자 금오산(金烏山)으로 피난하였다. 그는 1594년에 예빈시참봉(禮賓侍參奉)·제릉참봉(齊陵參奉) 등에 임명되었으나 부임하지 않고, 『평설(平說)』을 지었으며, 1595년 가을 보은현감(報恩縣監)에 임명되어 잠시 부임했으나, 그해 12월 세 번이나 관찰사에게 사직을 청했고, 다음해

2월 다시 사직을 청한 뒤 허가받지 않고 고향으로 돌아가 직무유기 혐의로 의금부에 잡혀가기도 했다. 장현광을 조정에 추천한 유성룡(柳成龍)은 1597년 장현광을 직접 만나고 그의 학식에 탄복하여 자신의 아들을 그의 제자가 되게 하였다. 1601년 경서교정청낭청(經書校正廳郎廳)직을 거절하였고, 1602년 거창현감·경서언해교정낭청(經書諺解校正郎廳)직을 거절하다가, 그 해 11월 잠시 공조좌랑(工曹佐郎)으로 『주역』 교정에 참가했고, 다음해 2월 형조좌랑(刑曹佐郎)으로 임명되었으나 사직하였다. 1603년 용담현령직을 거절하였고, 이어서 의성현령에 부임했으나 몇 달 만에 사직하였다. 그 외에도 순천군수(1604), 합천군수(1605), 사헌부지평(1607)에 임명되었으나 모두 부임하지 않았다. 1608년 『주역도설(周易圖說)』을 지었고, 1621년 『경위설(經緯說)』을 지어 '이체기용(理體氣用)', 즉 '이경기위설(理經氣緯說)'을 주장하였다. 인조반정이후 1623년 여러 번 왕의 부름을 받고, 사헌부지평·성균관사업 등에 천거되었으나 모두 사양하였다. 다음해 잠시 사헌부장령으로 부임하였으나, 곧 바로 사헌부집의·공조참의로 승진되자 사양하고 고향으로 돌아갔으며, 이후 이조참의·승정원동부승지·용양위부호군 등에 임명되었으나 모두 사양하였다. 1626년 형조참판 직을 마지못해 받아들였으나, 이후 사헌부대사헌·부호군, 1628년 이조참판, 1630년 대사헌 등의 직을 모두 사양하였다. 1636년 12월 병자호란이 일어나자 의병을 위해서 군량미를 모아 보내고 여러 군현에 의병을 일으키라는 통문을 쓰는 등 활동을 하였으나, 다음해 2월 삼전도(三田渡)의 항복 소식에 세상을 등지고, 입암산(立巖山)에 들어가 6개월 정도 살아가 생을 마감하였다.

장현광은 평생 정치에 뜻을 두지 않고, 학문과 교육에 전념하였으며, 당대 사림의 한 사람으로 조정의 도덕정치의 구현을 위해 애쓰면서, 인조반정 이후 조정 대신들의 폭정에 맞서 싸우면서 그 영향력을 행사하였다. 장현광은 성리학의 핵심 사상인 이기론을 설명하면서 이원론적인 이(理)와 기(氣)의 이해를 벗어나서 마치 동전의 양면처럼 합일적인 것으로 파악하였다. 그는 『경위설』에서 이를 경(經)으로, 기를 위(緯)로 비유하면서 이 둘은 체(體)와 용(用)의 관계로 하나됨을 주장하였다. 또한 그는 심성론을 설명하면서 도심(道心)을 '미발지성(未發之性)'으로, 인심(人心)을 '이발지정(已發之情)'으로 이해하면서도 이 둘을 분리하지 않고, 도심이 인심 가운데 있고 인심이 도심 가운데 있어 서로 유기적으로 연계된 것이라고 주장하였다. 장현광의 우주론의 출발은 1609년에 쓴 『역학도설(易學圖說)』로부터 온 것으로 그는 이 책에서 역학과 상수학에 대한 방대한 분량의 저술로 역학적 상수학을 종합하였다. 이후 그는 그의 말년 작품인 『우주설(宇宙設)』(1631)에서 우주론을 전개하였다. 그는 우주의 생성과 구조에 대해서 논의하면서 우주의 시작과 그 근원은 태극이

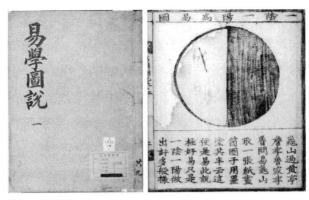

『역학도설(易學圖說)』
출처: 한국민족문화대백과사전(한국학중앙연구원, encykorea.aks.ac.kr)

라고 주장하면서, '무극태극의 리'에서 최초의 원기인 '천지 바깥의 대원기'가 나오고, 이것은 '천지의 원기'를 만들며, 천지의 원기는 '만물의 원기'를 만든다고 주장하였다. 천지의 원기와 만물의 원기는 각각 천지와 만물을 만들고 변화하여 소멸할 것이다. 이러한 장현광의 우주론은 성리학적 우주론의 체계를 발전시킨 것으로 우주의 생성과 변화, 그리고 소멸에 대한 논의를 본격적으로 발전시켰다. 이러한 그의 우주론은 성리학적 자연이해의 틀에 매지지 않고 자유롭고 진취적인 사색을 보여준 것으로 평가받고 있다. 그 외의 저서로는 『여헌집』, 『성리설(性理說)』, 『용사일기(龍蛇日記)』 등이 있다.

### 홍정하(洪正夏, 1684~미상)의 수학

조선의 가장 위대한 수학자로 알려진 홍정하는 『구일집(九一集)』의 저자로 이 책에서 그는 방정식의 구성과 해법에 대하여 설명하였다.[1] 당시 조선에서는 중국 원나라 때 쓰여진 『산학계몽(算學啓蒙)』과 함께 『양휘산법(楊輝算法)』, 『상명산법(詳明算法)』 등의 수학교육 교과서가 있었고 이 책들은 전문기술직의 고시과목으로 사용되었다. 홍정하는 1706년(숙종 32) 취재에 입격한 후 1718년(숙종 44) 훈도(정9품), 1720년(숙종 46)에 교수(종6품)가 된다. 『구일집』의 잡록에 1713년(숙종 39) 조선의 역관 유수석(劉壽錫)과 함께 중국 청나라의 천문을 관장하던 사신 하국주와 수학을 논한 것이 기록되어 있다. 중국 청나라에서는 천문 과학을 종합적으로 다룬 전집 형식의 『율력연원(律曆淵源)』(1722)을 출간하였다. 이 전집에는 역상고성(曆象考成)』(1721), 『수리정온(數理精薀)』(1723) 등이 포함되는데, 하국주는 이 책들의 출간에 함께 하면서 교산(校算)을 직접 맡아서 집필한 사람이었다. 겨우 회사(會士, 종9품) 벼슬을 하고 있었던 홍정하가 하국주와 만날 수 있었던 것은 그가 조선에서 수학에 가장 뛰어난 사람이었음

---

1   홍정하에 대한 책은 이창숙 작가의 소설 『조선의 수학자 홍정하』(궁리, 2014; 2020)와 어린이 학습도서인 강미선 작가(권문희 그림)의 『조선 수학의 신, 홍정하』(휴먼어린이, 2014) 등이 있다. 그 외에도 이장주가 지은 『우리 역사 속 수학 이야기』(사람의 무늬, 2012)는 조선시대의 수학에 대해서 알 수 있다.

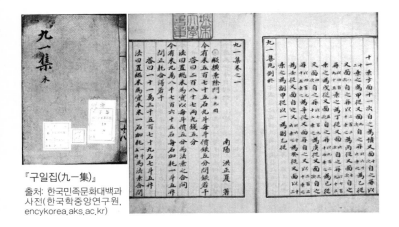

『구일집(九一集)』
출처: 한국민족문화대백과
사전(한국학중앙연구원,
encykorea.aks.ac.kr)

을 입증하는 것이다. 이 대담에서 홍정하는 자신의 책『구일집
(九一集)』에서 집중적으로 설명한 천원술(天元術)[2]을 이용한 방정
식과 증승개방법(增承開方法)을 사용하여 하국주가 제시한 문제
를 쉽게 해결한다. 이로써 홍정하는 당시 조선 시대의 수학의
수준을 증명하였다.

### 김석문(金錫文, 1658~1735)의 상수학적 지동설

김석문은 조선후기『역학이십사도총해(易學二十四圖總解)[역학
도해]』를 저술한 학자로 최초로 지동설을 주장하였다. 숙종 때
영소전참봉에 기용되었고, 이후 여러 관직을 거쳐 통천군수

---

**2**  산목을 이용하여 일차방정식의 근을 구하는 수학방식.

(1726)를 지냈다. 그는 일찍이 역(易)에 관심을 가지고 주돈이(周敦頤), 소옹(邵雍), 정호(程顥), 정이(程頤), 장재(張載) 등 사상가들의 서적을 통해 세계의 형성과 변화의 이치에 대해서 공부하면서, 제자백가와 천문·지리학 서적까지 섭렵하였다. 그리하여 그는 중국 고대의 지동설에 바탕이 된 수직승강(垂直昇降)의 사유설(四遊說)과 주희가 주장하는 수평 운동에 기초한 사유설을 깨닫게 되었다. 이에 더해서 그에게 가장 결정적으로 지동설을 깨닫게 해 준 것은 당시 청나라에서 활동하던 서양 신부 나아곡(羅雅穀: 본명 Jacques Rho)의 『오위역지(五緯曆指)』에서 소개한 천체관이었다. 이 책에는 프톨레미(Ptolemy, C.)의 천동설과 함께, 브라헤(Brahe, T.)가 주장한 천체관인 지구를 중심으로 그 둘레를 달과 태양 및 항성이 회전하며, 다시 태양의 둘레를 수성·금성·목성·화성·토성 등이 회전해 우주를 형성되었다는 내용이 소개되었다. 김석문은 이 둘 중에 브라헤의 의견을 받아들여 지동설을 주장하였다.

그러나 김석문의 지동설은 천문 관측을 통한 자연과학적 논리로 체계화된 것은 아니었다. 그는 『역학도해(易學圖解)』 서문에서 성리학의 미비점을 보충하기 위해서 이러한 주장을 한다고 밝혔다. 또한 그는 순환론적인 역사 철학을 주장하면서, 중국 중심의 역사관에서 탈피하려고 하였다. 이러한 순환론적 역사 철학을 주장은 지구의 구형설에 대한 확신에서 온 것으로 누구든 자신이

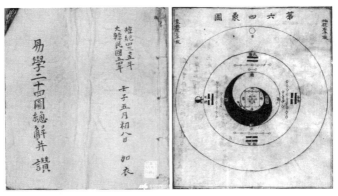

『역학이십사도총해(易學二十四圖總解)』
출처: 한국민족문화대백과사전(한국학중앙연구원, encykorea.aks.ac.kr)

서 있는 곳이 땅의 중심이라는 사실과, 지구가 자전하는 동안 수 많은 변화가 일어난다는 점에 기초한 것이다. 김석문의 지전설은 김원행(金元行), 황윤석(黃胤錫), 안정복(安鼎福), 이규경(李圭景) 등에 의해 높이 평가되었으며, 홍대용(洪大容)의 지전설과 역사철학은 그로부터 전수받은 것으로 알려져 있다.

### 이중환(李重煥, 1690~1756)의 지리학

이중환은 『택리지』를 통해서 지리학을 발전시켰다. 1713년(숙종 39) 증광 문과에 병과로 급제, 승문원정자(承文院正字)를 거쳐 1717년 김천도찰방(金泉道察訪), 1719년 승정원주서, 1722년(경종 2) 병조정랑·전적을 역임하였다. 영조가 즉위하자 목호룡(睦虎龍)

의 당여로 구금되어 1725년(영조 1) 2월부터 4월까지 네 차례나 형을 받았고, 이듬 해 12월 섬에 유배되었다가, 다음 해 10월에 석방되었으나, 그 해 12월에 사헌부의 탄핵으로 다시 유배되었다. 유배에서 풀려나 세상을 떠날 때까지 정착하지 않고 이 곳 저 곳을 거처를 옮겨 다니면서 전라도와 평안도를 제외한 우리나라 전역을 두루 답사하면서 전국의 인심, 풍속, 물화의 생산지 및 집산지 등을 파악하였다. 그는 관직에서 물러난 후에 새로운 삶의 터전을 찾기 위해서 전국을 유람하였으며, 그가 생각한 살기 좋은 곳은 인심과 산천이 좋을 뿐만 아니라 경제적 교류가 활발한 곳이었다. 이러한 생각을 바탕으로 쓴 책이 『택리지』이다.

이중환은 이 책에서 정치, 사회, 문화에 대한 다양한 견해를 피력하였다. 먼저 그는 혁신적인 사회적 신분을 제시하였는데, 지배계급의 특권은 인정하지 않았고, 사대부, 농민, 공업인, 상업인 등은 직업상의 차이에 불과하다고 주장하였다. 그는 또한 생산 활동을 중시하는 경제관을 피력하면서 이를 위해서 지리적 환경을 잘 이용할 것을 주장하였다. 그가 주장한 좋은 지리적 환경은 우선 기름진 땅, 다음은 물자가 잘 유통될 수 있는 곳이라고 생각하였고, 벼 생산량을 늘이기 위해서 수전에 관심을 기울였고, 진안의 담배밭, 전주의 생강밭, 임천·한산의 모시밭, 안동·예안의 왕골밭[龍鬚田] 등 지방의 특수작물 생산에도 관심을 기울이면서 부농들이 이것들을 매점해서 이익을 보고 있다

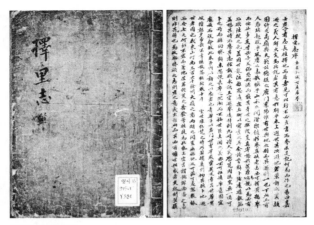

『택리지(擇裏志)』
출처: 한국민족문화대백과사전(한국학중앙연구원, encykorea.aks.ac.kr)

고 지적하였다. 또한 농업의 상업성을 키워서 도시의 발전과 교역의 증대를 꾀해야 하고, 지리적 조건을 활용하여 상선의 이용한 운송수단의 개선을 주문하기도 하였다.

박지원(樸趾源)·박제가(樸齊家) 등 북학파 학자들은 이중환의 주장을 받아들여 배와 수레의 활용을 주장하였다. 그는 조선 후기 지리학의 발전에 크게 기여하였으나, 풍수지리 사상을 완전히 벗어나지는 못하였다. 그는 자신의 신분적 위치(사대부)와 현실(서민적 생활)의 차이를 고민한 실학자였으며, 그 결과로 30여 년 동안 유랑하면서 지리, 경제, 사회 등을 연구하면서 그 업적을 남겼다.

## 서명응·서호수의 천문학과 서유구의 농학

서명응(徐命膺, 1716~1787)은 정조로부터 '보만재(保晚齋)'라는 호를 내려 받았을 정도로 정조와 연이 깊었다. 그는 1754년(영조 30) 증광 문과에 병과로 급제해 부제학(副提學)·이조판서를 거친 뒤, 청나라 연경(燕京)에 사행하여 다녀왔으며, 대제학, 상신(相臣: 정승)에 올랐고, 퇴직 후봉조하(奉朝賀)에 봉해졌다. 정조의 스승으로 학문을 가르쳤으며, 정조가 즉위하자 규장각 제학에 임명되었고, 죽을 때까지 규장각 운영에 참여하였다. 서유구(徐有榘, 1764~1845)는 북학파(北學派)를 출발시켰으며, 그의 이용후생(利用厚生)의 학문 정신은 아들 서호수(徐浩修, 1736~1799), 손자 서유구에로 이어져내려왔다. 그의 사후 서호수와 서유구는 서명응의 저작들을 모아서 『보만재집(保晚齋集)』, 『보만재총서(保晚齋叢書)』, 『보만재잉간(保晚齋剩簡)』 등의 전집을 남겼는데, 정조는 『보만재총서(保晚齋叢書)』를 "우리 동쪽에서 400년 간에 이런 거편(鉅篇)이 없었다."고 칭찬하였다. 서명응은 『고사신서(攷事新書)』와 함께 『보만재총서(保晚齋叢書)』에서 농업 중심의 이용후생의 학문 정신을 표방하였다. 또한 서명응은 청년시기인 1754년에 저장관으로 북경에 가서 청의 문물을 체험하고, 서구에서 청으로 유입된 최신의 방대한 천문학을 비롯한 과학지식을 받아들였다. 이후 그의 아들 서호수와 함께 최고의 천문역산 전문가로 그 이름을 떨쳤다.

서명응의 아들 서수호는 1756년(영조 32) 생원(生員)이 되고, 1764년 칠석제(七夕製)에, 다음 해 문과에 장원하여, 사헌부지평(司憲府持平)에 임명되었으나 언사(言事)로 남해에 유배되었다가 1766년 홍문관부교리(弘文館副校理)에 특채되어 벼슬을 시작하였다. 1770년 영의정 홍봉한(洪鳳漢)과 함께 『동국문헌비고(東國文獻備考)』의 편찬에 참여하였다. 1776년 정조가 즉위하자 도승지(都承旨)에 임명되어, 진하 겸 사은부사(進賀兼謝恩副使)로 정사(正使) 이은(李溵), 서장관(書狀官), 오대익(吳大益)과 함께 청나라에 다녀왔다. 그 뒤 대사성, 대사헌, 규장각의 직제학 등을 역임하였고, 규장각의 여러 편찬사업에 주도적 역할을 하면서, 정조의 문집인 『홍재전서(弘齋全書)』의 기초가 된 『어제춘저록(御製春邸錄)』의 간행을 주관하였다. 1790년(정조 14)에 다시 진하 겸 사은부사로 두 번째 청나라에 다녀왔다. 이 두 차례의 연행(燕行)을 수행하면서 정조의 임무를 받아서 청문화를 도입하는 일을 진행하였다. 특히 서수호는 아버지 서명응과 함께 영조가 공식적으로 인정한 천문학 지식이 포함되어있는 『동국문헌비고(東國文獻備考)』(1770)를 편집낭청으로 참석하여 천문학의 발전을 도왔다. 서명응은 편집당상으로 책임자의 위치에 있었다.

서호수의 아들 서유구는 정약용과 같은 시대의 인물로 아버지와 할아버지의 뒤를 이어받아 조선의 실학을 크게 발전시켰다. 그는 1790년(정조 14) 증광 문과에 병과로 급제, 외직으로 군수,

『보만재집(保晚齋集)』, 『임원경제지(林園經濟志)』
출처: 한국민족문화대백과사전(한국학중앙연구원, encykorea.aks.ac.kr)

관찰사를 거쳤고, 내직으로는 대교(待敎), 부제학, 이조판서, 우참찬, 대제학 등을 역임하였다. 그는 할아버지와 아버지가 천문학에 업적을 남긴 것처럼, 농학(農學)에 큰 업적을 남겼다. 35세에 순창군수로 있을 때부터 농업기술을 조사 연구하여, 『임원경제지(林園經濟志)』를 남겼으며, 이 책의 토대가 되는 기초 연구로 농업 기술과 농지 경영을 주로 다룬 『행포지(杏浦志)』, 농업 경영과 유통 경제의 관련에 초점을 둔 『금화경독기(金華耕讀記)』, 농업 정책에 관한 『경계책(經界策)』 등을 저술하였다. 임원경제지는 16개 부분으로 이뤄진 대작으로 18년 동안의 유배기간에 완성한 백과사전식 농업관련 서적이다. 이 시기 조선 농업의 실상을 한눈에 파악할 수 있는 역작이다. 또한, 그는 1834년에 전라감사를 지내면서 흉년을 당한 이 고장 농민을 위해 구황 식물인 고구마 등을 보급하기 위한 『종저보(種藷譜)』를 집필하였으며, 이 밖에도 『난호어목지(蘭湖漁牧志)』, 『경솔지(鷓蟀志)』, 『옹치지(饔饎志)』, 『누판고(鏤板考)』 등의 저술을 남겼다.

## 이규경(李圭景, 1788~미상)의 박물학

이규경은 박물학을 발전시켰다. 할아버지와 아버지의 실학적 학풍을 이어받은 이규경은 우리나라와 중국에서 발행된 수백 종의 서적을 탐독해 천문, 역수(曆數), 종족, 역사, 지리, 문학, 음운(音韻), 종교, 서화, 풍속, 야금(冶金), 병사(兵事), 초목, 어조 등 모든 학문을 섭렵한 후에, 이를 1,400여 항목을 담아 『오주연문장전산고(五洲衍文長箋散稿)』 60권을 집대성하였다. 예를 들어 인체의 구조와 기능을 논한 「인체내외치상변증설(人體內外置象辨證說)」, 종두법에 관한 「종두변증설(種痘辨證說)」 등이 그의 대표작으로 알려져있다. 「인체내외치상변증설(人體內外置象辨證說)」의 의학 지식은 서양 고대 의술에 관한 내용을 기술하였는데, 당시 기준으로 보면 인체를 그려내는 것은 인성(人性)에 대한 야만적 행위로 간주되었기 때문에 이는 매우 혁신적인 것이었다. 「종두변증설(種痘辨證說)」은 철종이 다스리던 시기에 평안도 지방에서 종두를 처음 실시했다는 내용이 기록되어 있다.

『오주연문장전산고(五洲衍文長箋散稿)』
출처: 규장각한국학연구원(https://kyudb.snu.ac.kr/)

　　이규경은 경제에도 깊은 관심이 있어서, 탐관(貪官)과 부상(富商)들이 매점매석 폭리를 비판하면서, 매점매석 금지를 주장하였고, 화폐가 농민층에게는 절대적으로 불리하다는 점을 들어서 이익(李瀷)이 주장한 폐전책(廢錢策)을 지지하기도 하였다. 개항과 무역의 필요성을 강조하면서, 1832년 영국 상선이 우리나라에 교역을 요구해왔을 때 개시를 허락하고, 조약도 체결할 것을 주장하였다. 그는 『오주연문장전산고』 외에도 농정에 관한 대안을 제시한 『백운필(白雲筆)』, 동서고금의 사물의 폭넓게 이해할 수 있도록 신지식을 제시한 『오주서종박물고변(五洲書種博物攷辨)』 등의 작품을 더 남겼다. 이규경은 평생 벼슬을 하지 않고 할아버지와 아버지가 이룩한 실학을 계승하여, 조선 후기 실학을 꽃피운 박물학자로 평가받고 있다.

## 정약전의 수산학과 정약용의 수원화성

정약전(丁若銓, 1758~1816)과 정약용(丁若鏞, 1762~1836)은 조선을 대표하는 실학자 형제로서 조선후기 유학의 발전 뿐 아니라, 과학의 발전에도 크게 공헌하였다. 정약전은 소년시절부터 이익(李瀷), 권철신(權哲身) 등 당대의 대가에게 학문을 배웠고, 1783년 사마시에 합격, 1790년 증광문과에서 병과에 급제하였고, 이후 전적, 병조좌랑의 관직을 역임하였다. 또한 서양 학문을 접한 이벽(李蘗), 이승훈(李承薰) 등 남인 인사들과 교류하면서, 이들에게 서양의 역수학(曆數學)을 접하고 나아가 가톨릭교를 받아들여 신봉하였다. 1801년 신유사옥으로 많은 천주교인들이 박해를 당하게 되자, 동생 약용과 함께 유배되어, 약용은 강진에, 그는 흑산도(黑山島)에 유배되었다. 여기서 후학을 가르치는 서당인 복성재(復性齋)를 지어 섬의 청년들을 가르치면서, 여러 편의 책을 저술하였고, 그곳에서 16년 만에 생을 마감하였다. 저서로 『자산어보(玆山魚譜)』, 『논어난(論語難)』, 『동역(東易)』, 『송정사의(松政私議)』 등이 있었으나, 지금은 『자산어보』만이 전해오고 있다. 『자산어보』는 흑산도 근해의 수산생물을 채집, 조사하여, 이를 어류(魚類), 패류(貝類), 조류(藻類), 해금(海禽), 충수류(蟲獸類) 등으로 분류하고, 각 종류의 명칭, 분포, 형태, 습성, 이용

『자산어보(玆山魚譜)』, 『목민심서(牧民心書)』
출처: 한국민족문화대백과사전(한국학중앙연구원, encykorea.aks.ac.kr)

등에 관한 것을 기록한 우리나라 최초의 수산학 서적이다.

정약용은 조선 후기를 대표하는 조선의 유학자이자 실학자로 청년기에 접했던 서학(西學)으로 인해 18년간이나 유배생활을 하였다. 그는 이 유배기간 동안 학문을 더욱 연마해 육경사서(六經四書)에 대한 연구를 비롯해 『經世遺表』, 『牧民心書』, 『欽欽新書』 등 모두 500여 권에 이르는 방대한 저술을 남겼다. 그의 생애는 대략 다음과 같이 네 단계로 나누어볼 수 있다. 첫째 단계는, 이익의 개혁론을 접하던 시기로 출생 이후 과거를 준비하던 22세까지, 두 번째 단계는, 1783년 진사시(進士試)에 합격한 후 1801년 신유교난(辛酉敎難)으로 체포되기까지 시기로 이 때 『대학(大學)』과 『중용(中庸)』 등의 경전도 집중적으로 연구하였으며, 1789년에는 식년문과(式年文科) 갑과(甲科)에 급제하여 벼슬길에 올라서, 정조의 특별한 총애 속에, 예문관검열(藝文館檢閱), 사간원정언(司諫院正言), 사헌부지평(司憲府持平), 홍문관수찬(弘文館修撰), 경기암행어사(京畿暗行御史), 사간원사간(司諫院司諫), 동부승지(同副承旨)·좌부승지(左副承旨), 곡산부사(穀山府使), 병조참지(兵曹參知), 부호군(副護軍), 형조참의(刑曹參議) 등의 직을 두루 역임하다. 특히, 1789년에는 한강 배다리[舟橋]를 준공과 1793년 수원성을 설계는 과학 기술적으로도 큰 업적이었다. 세 번째 단계는, 유배 이후 다시 향리로 귀환하는 1818년까지로 포항 부근 장기로 유배되었다가, 곧 이어 발생한 '황사영백서사건(黃嗣永帛書事件)'의 여파로 전라도 강진(康津)에서 유배를 떠나게 되었다. 그는 이 기간에 학문을 연마하고, 자신의 실학적 학문을 완숙하게 전개하면서 조선왕조의 사회현실을 반성하고 이에 대한 개혁안을 정리하는『경세유표』,『흠흠신서』,『목민심서』의 일표이서를 완성하였다. 이 저서들은 정약용의 유학 연구와 사회개혁안이 정리된 것으로 주목받고 있다. 마지막 단계는, 1818년 유배에서 풀려나 생을 마감하게 되는 1836년까지의 기간으로, 이 시기에 그는 향리에 은거하면서『상서(尙書)』등을 연구하면서, 강진에서 마치지 못했던 저술 작업을 계속하였다. 조선후기 사회 개혁가였던 정약용의 수원화성 설계는 그가 과학기술의 발전에 기여한 것으로, 수원화성은 1997년 유네스코 세계문화유산에 등록되어 그 가치를 인정받은 문화제로 성의 도면의 완성도가 매우 클 뿐 아니라, 서양의 기술을 받아들여서 거중기를 만들어서 사용하여 당대 최고의 성인 수원 화성을 완성할 수 있었다.

수원 화성
출처: 한국민족문화대백과사전(한국학중앙연구원, ency korea.aks.ac.kr)

## 김정희의 금석학

추사체의 주인공 김정희(金正喜, 1786~1856)는 과학분야에서는 금석학을 발전시켰다. 1819년 문과에 급제하여 암행어사, 예조참의, 설서, 시강원 보덕 등의 벼슬을 지냈고, 1830년 아버지 김노경이 윤상도(尹商度)의 옥사에 배후 조종 혐의로 고금도(古今島)에 유배되었다. 그러나 순조의 배려로 귀양에서 풀려나 판의금부사(判義禁府事)로 복직, 이후 1836년에 병조참판, 성균관 대사성 등을 역임하였다. 그 뒤 1834년 헌종 즉위 시, 순원왕후 김씨의 수렴청정으로 이전 사건에 다시 연루되어 1840년부터 9년간 제주도로 유배되었다가, 헌종 말년에 잠시 풀려났으나, 1851년 친구 권돈인(權敦仁) 사건에 다시 연루되어 함경도 북청으로 유배되었다가 2년 만에 풀려 돌아왔다. 그 후 김정희는

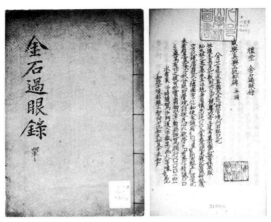

『금석과안록(金石過眼錄)』
출처: 한국민족문화대백과사전(한국학중앙연구원, encykorea.aks.ac.kr)

선친의 묘소가 있는 과천에 살면서 학문에 전념하다가 생을 마감하였다.

그는 어린나이에 북학파(北學派) 박제가(樸齊家)의 제자가 되어 청나라의 고증학(考證學)을 배웠으며, 24세때 아버지의 연행에 함께 참여하여 청나라 연경에 체류하면서 옹방강(翁方綱), 완원(阮元) 등 유수한 유학자들과 교류하면서 당대 청나라 최고의 고증학을 접할 수 있었다. 청나라의 고증학의 풍토는 종래 경학(經學)의 보조 학문으로 존재하였던 금석학(金石學), 사학, 문자학, 음운학, 천산학(天算學), 지리학 등의 학문에 깊은 관심을 기울이고 연구가 진행되었으며, 금석학의 분야인 문자학과 서도사(書道史)의 연구가 활발하게 진행되었다. 이에 그는 이러한 학문 풍토에 영향을 받았고, 귀국 후에는 금석학 연구에 몰두하면서 금석 자료를 찾고 보호하는데 많은 노력을 기울였다. 그 결과 북한산순수비(北漢山巡狩碑)를 발견하고 『예당금석과안록(禮堂金石過眼錄)』, 『진흥이비고(眞興二碑攷)』와 같은 저술을 남겼다. 이러한 연구를 바탕으로 조선 금석학파를 성립시켰으며, 그 대표적인 학자들로서는 신위(申緯), 조인영(趙寅永), 신관호(申觀浩), 조면호(趙冕鎬) 등이 있다. 그는 그밖에 다양한 분야의 청대 학자들의 학설을 연구하여, 음운학, 천산학, 지리학 등에도 상당한 식견을 가지고 있었다. 이런 이유로 청나라의 유학자들이 그를 가리켜 '해동제일통유(海東第一通儒)'라고 칭찬하였다고 전해지고 있다.

## 김정호의 지리학

김정호(金正浩, 1804?~1866?)는 당시 실학자들과 마찬가지로 전문적인 과학자는 아니었으나, 조선시대 가장 많은 지도를 제작하였고, 가장 많은 지리지를 편찬한 지리학자로 그 업적을 남겼다. 김정호를 가장 유명하게 만든 것은 1861년(철종 12)에 제작한 목판본의 『대동여지도』 22첩이다. 그리고 『청구도』, 『동여도』, 『대동여지도』 등의 3대 지도와 『동여도지』, 『여도비지』, 『대동지지』 등을 제작하였다. 김정호는 1834년(순조 34) 이전에 이미

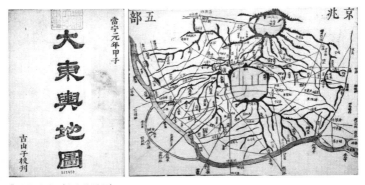

『대동여지도(大東輿地圖)』

출처: 한국민족문화대백과사전(한국학중앙연구원, encykorea.aks.ac.kr)

『신증동국여지승람(新增東國輿地勝覽)』의 시문(詩文), 인물 등을 제외한 내용을 큰 글씨로 적고 다른 자료를 참고하여 교정, 첨가한 『동여편고(東輿便攷)』 2책(1책 결본)을 편찬하였다. 또한 1834년에는 『청구도』 2책을 편찬하였고, 이어 1840년(헌종 6)대 후반까지 3차에 걸쳐 개정판 『청구도』를 제작하였다. 『청구도』의 기본 정보는 『해동여지도』의 내용을 그대로 따랐지만, 이용의 편리성을 기하기 위해서 혁신적인 변화를 가했다.

또한 김정호는 1834년부터 『동여도지』의 편찬을 시작하여 1844년경에 완성하며, 이후 지속적인 교정과 첨가하여 1861년 그 서문을 작성하여 수록하였다. 1850년 전후로 대축척 고을지도와 지지가 결합된 지리지인 『동여도지』 3책(경기·강원·황해)을 편찬하기 시작하였지만 완성을 보지 못하고 포기한다. 이 때부터 김정호는 지도와 지지가 결합된 『청구도』의 형식을 포기하고 순수하게 지도적 속성이 강한 지도첩의 제작을 시작하였다. 이 지도첩에서 김정호는 『청구도』에 첨가된 통계와 지지 정보를 대폭 삭제하고 기호의 사용을 정교화 하였다. 또한 1853년에서 1856년 사이에 대축척 고을지도를 생략한 『여도비지(輿圖備志)』 20책을 최성환(崔瑆煥)과 함께 편찬하였고, 비슷한 시기에 기본 정보가 『청구도』와 상당히 달라진 『대동여지도』 18첩을 제작하였다. 이어 1856년에서 1859년 사이에는 기본 내용을 완전히 개정한 필사본의 『동여도』 23첩을, 1861년에 목판본의 『대동여지도』 22첩을 제작하였다. 또한 1864년에 목판본의 『대동여지도』 22첩을 교정하여 재간하였으며, 1861년부터 1866년경까지 『대동지지』 32권 15책을 편찬하다 미완으로 남기고 사망하였다. 김정호는 이외에도 보급용의 중형 낱장본 지도로 1834년에 최한기의 부탁을 받고 판각한 서양식 세계지도인 『지구전후도(地球前後圖)』, 1840년에는 한양 지도인 목판본의 『수선전도(首善全圖)』, 전통식과 서양식이 결합된 세계지도인 『여지전도(輿地全圖)』, 1860년에는 목판본의 『대동여지도』 22첩이 너무 커서 한눈에 조선 전체를 보기 어려운 단점을 극복하기 위해 제작한 목판본의 『대동여지전도(大東輿地全圖)』를 제작하였다. 한편 당시에 이렇게 많은 활동을 한 김정호에 대한 기록이 많이 남아 있지 않고, 그의 출생이나 사망에 대한 기록이 확실하지 않은 것으로 미뤄보아 그의 신분이 양반은 아니며 중인일 가능성도 별로 없다는 것을 유추할 수 있다. 이렇듯 김정호에 대한 기록이 별로 남지 않은 것으로 미뤄보아 그는 평민이었을 가능성이 매우 높다.

### 홍대용의 지동설

홍대용(洪大容, 1731~1783)은 조선 시대를 대표하는 실학자중에 한 사람으로 과학 분야에서도 큰 업적을 남겼다. 그는 특히 지동설(地動說)과 우주무한론(宇宙無限論)을 주장하면서, 화이(華夷)의 구분을 거부하여 민족의 주체성을 강조하면서 새로운 자연관을 피력하였고, 인간도 대자연의 일부로 다른 생물과 같다고 주장하였다. 당대의 유학자 김원행(金元行)으로부터 수학하였고, 박지원(樸趾源)과 깊은 친분이 있었다. 여러 번 과거에 실패한 뒤 1774년(영조 50)에 음보(蔭補)로 세손익위사시직(世孫翊衛司侍直)이 되었고, 1775년 선공감감역(繕工監監役), 1776년 사헌부감찰, 1777년 태인현감, 1780년 영천군수를 지냈다.

그는 1765년 연행사의 서장관으로 임명된 작은아버지 홍억을 따라서 청나라 북경(北京) 방문을 계기로 서양 과학의 영향을 깊이 받았으며, 북경에 돌아온 뒤 10년 동안 『담헌서(湛軒書)』를 남겼다. 그는 60여 일 동안 북경에 머물면서 우연히 항저우(杭州) 출신의 중국 유학자들과 개인적인 친분을 갖게 되었으며, 북경에

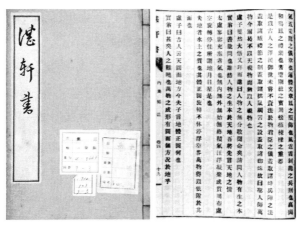

『담헌서(湛軒書)』와 『의산문답(醫山問答)』 내의 지전설
출처: 한국민족문화대백과사전(한국학중앙연구원, encykorea.aks.ac.kr)

머물고 있던 서양 선교사들을 찾아가 서양 문물을 구경하고 필담을 나누었다. 이 때 북경에서 깊이 사귄 엄성(嚴誠), 반정균(潘庭筠), 육비(陸飛) 등과는 귀국 후에도 편지를 통해 계속 교류하였고, 이 기록은 「항전척독(杭傳尺牘)」으로 그의 문집에 남아 있다. 그의 사상적 성숙에 결정적인 영향을 준 북경 방문은 『연기(燕記)』에 상세히 남아 있으며 이는 그 뒤 박지원의 『열하일기』에 영향을 주었다. 특히, 이 기록에 포함된 「유포문답(劉鮑問答)」은 독일계 선교사 유송령(劉松齡, August von Hallerstein)과 포우관(鮑友管, Anton Gogeisl)을 만나 필담을 통하여 천주교와 천문학의 이모저모를 기록한 것으로, 서양 문물에 대해서 상세하게 기록되어 있다.

그의 과학사상은 『의산문답(醫山問答)』에 담겨져 있다. 이 글은 의무려산(醫巫閭山)에 숨어 사는 실옹(實翁)과 조선의 학자 허자(虛子) 사이에 대화체로 쓰여졌는데, 그가 북경 방문길에 들른 의무려산을 그 배경으로 하고 있다. 홍대용의 자연과학사상은 지동설, 생명관, 우주무한론으로 전개되는데, 이는 상대주의적인 입장으로, 이와 같은 상대주의는 그의 사회사상으로 연장되고 발전되었다. 첫째, 그는 중국 중심의 화이론(華夷論)을 부정하면서, 중국, 조선, 서양 모두를 상대화하였으며, 둘째, 인간근본주의를 부정하고 인간과 자연은 어느 쪽도 우월하지 않고 모두 같은 생명이라는 생각을 전개하였으며, 셋째, 그는 당시 사회의 계급과 신분적 차별에 반대하고, 고른 교육의 기회와, 재능과 학식에 따른 일자리를 주장하였다. 그는 서양 과학의 발전의 원인이 수학에 있음을 인식하면서 『주해수용(籌解需用)』이라는 수학서를 썼고, 여러 천문관측기구를 만들어 농수각(籠水閣)이라는 관측소에 보관하였다. 이와 같이 홍대용은 근대 서양 과학과 동양의 전통적 자연관 등을 이해하고 융합하여 자신의 과학이론과 사회이론을 전개하였다.

## 박제가의 이용감

박제가(樸齊家, 1750~1805)는 새로운 정부기관인 이용감(利用監)을 세워서 서양의 과학기술을 받아들일 것을 주장할 정도로 서구 과학기술을 받아들이려고 애썼던 학자였다. 그는 박지원(朴趾源), 이덕무(李德懋), 유득공(柳得恭) 등 서울에 사는 북학파들과 교류하였고, 1776년(정조 즉위년) 이덕무, 유득공, 이서구(李書九) 등과 함께 사가시집(四家詩集)인 『건연집(巾衍集)』을 냈고, 이는 청나라까지 명성을 떨쳤다. 1778년 채제공(蔡濟恭)을 따라 청나라에 가서 이조원(李調元), 반정균(潘庭筠) 등 청나라 학자들을 만났고, 돌아와서 청나라에서 보고들은 것을 정리해 『북학의(北學議)』를 내, 외편으로 저술하였다. 내편에서는 생활 도구의 개선을, 외편에서는 정치·사회 제도의 모순점과 개혁 방안을 다루었다.

한편, 정조는 1777년 3월에 서얼허통·절목(庶孼許通節目)을 발표하고 서얼출신의 관직 등용의 기회를 제공했으며, 1779년 3월에는 규장각에 검서관직(檢書官職)을 설치해 박제가, 이덕무, 유득공, 서이수(徐理修) 등의 서얼 출신 학자들을 임명하였다. 박제가는 이후 13년 간 규장각에 근무하면서 서적들을 마음껏 읽고, 정조를 비롯한 저명한 학자들과 깊게 교류하면서 많은 책을 교정, 간행하기도 하였다. 1786년 당시 관리들의 시폐(時弊)를 시정하는 「구폐책(救弊策)」을 올렸는데, 여기에서 그는 신분차별을 타파하고, 상공업을 장려해 국가를 부강하게 하고 국민 생활을 향상시키기 위해서 청나라의 선진 문물을 받아들일 것을 주장하였다. 그 뒤 1790년 황인점(黃仁點)을 따라 두 번 째 연행(燕行)길에 올랐고, 돌아오는 길에 압록강에서 다시 왕명을 받아

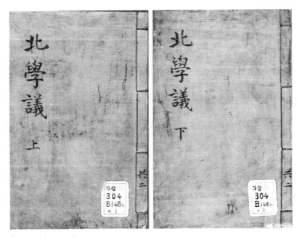

『북학의(北學議)』

출처: 한국민족문화대백과사전(한국학중앙연구원, encykorea.aks.ac.kr)

청나라 원자의 출생을 축하하기 위해서 연경에 파견되었다. 1798년 정조는 널리 농서를 구하였는데, 이 때 박제가도 『북학의』의 내용을 골자로 하는 「응지농정소(應旨農政疏)」를 올렸고, 이 때 『소진본북학의(疏進本北學議)』를 지었다.

　1801년 윤행임(尹行恁)을 따라 이덕무와 함께 네 번 째 연행길에 올랐다. 그러나 돌아오자마자 사돈인 윤가기(尹可基)가 동남성문 흉서사건의 주모자로 발각되어 이 사건의 공범으로 지목되어 종성에 유배되었다가, 1805년에 풀려났으나 곧 병으로 죽었다. 저서로 『북학의(北學議)』, 『정유집(貞蕤集)』, 『정유시고(貞蕤詩稿)』, 『명농초고(明農草稿)』 등을 남겼다.

## 최한기(崔漢綺, 1803~1877)의 지구설(地球說)

최한기는 당대 사람들이 받아들일 수 없었던 지구가 둥글다는 이론인 지구설 받아들여서 발전시켰다. 최한기의 일생에 대해서는 알려진 것이 별로 없고, 다만, 그가 저술한 많은 책이 지금까지 전해져오고 있을 뿐이다. 그가 방대한 양의 저술을 남겼음에도 불구하고 그에 대한 기록은 이규경(李圭景)의 『오주연문장전산고』에서 몇 차례 나올 뿐이다. 이규경은 최한기가 뛰어난 학자로 많은 저술을 남겼고, 중국의 신간서적을 다수 가지고 있었다고 기록하였다. 또한 최한기가 지리학자 김정호(金正浩)와 친분이 두터웠고 둘이 함께 중국의 세계지도를 대추나무에 새겼다고 전해지고 있다.

최한기는 경험주의에 바탕을 둔 학문을 전개하였는데, 이는 당시의 유교적 전통에는 맞지 않는 것이었다. 심지어, 맹자의 인간본유적 개념인 인의예지조차도 경험으로 얻게 되는 습성에 불과하다고 주장하였다. 최한기는 앎이란 선천적이 아니라 후천적 경험을 통한 것이라고 주장하면서, 이 경험은 경험의 주체인 인간의 마음과 경험의 대상, 그리고 이들 둘을 맺어주는 감각기관이 있어야 가능하다고 설명하였다. 천지 만물은 같은 기를 받았지만, 서로 다른 질에 따라서 신기(神氣)를 갖게 되며, 사람마다 신기는 서로 다르지만, 근본적인 공통성이 있기 때문에 서로 이해가 가능하고, 이런 신기의 만남은 인간과 자연 사이에서도

『신기통(神氣通)』, 『지구전요(地球典要)』
출처: 한국민족문화대백과사전(한국학중앙연구원, encykorea.aks.ac.kr)

가능하다고 주장하였다. 또한 최한기는 서양의 역산(曆算)과 기학(氣學)을 중요시하면서 많은 서양과학의 예를 들어서 『추측록(推測錄)』, 『신기통(神氣通)』 등을 저술하였다. 최한기는 1857년 『지구전요(地球典要)』에서 세계 각국의 지리, 역사, 물산, 학문 등을 상세히 소개하고 있는데, 이것은 이미 중국에서 나온 위원(魏源)의 『해국도지(海國圖志)』와 서계여(徐繼畬)의 『영환지략(瀛環志略)』을 요약한 것으로 지구의 자전과 공전 및 코페르니쿠스의 지동설 등의 서양과학의 내용도 여기에 포함되어 있다.

1867년 서양천문학에 관한 『성기운화(星氣運化)』을 썼는데, 이는 영국의 천문학자 허셜(Herschel, W.)이 쓴 중국 번역본 『담천(談天)』을 번안해 놓은 것이다. 또한 최한기는 서양의학 소개에도 뚜렷한 업적을 남겼다. 1866년 쓴 『신기천험(身機踐驗)』은 인체를 신기가 운화(運化)하는 기계 같은 것으로 생각하면서 서양의학의 대강을 소개하였고, 『신기천험』은 영국인 선교의사 흡슨(Hobson, B., 중국 이름 合信)의 서양의학서적을 '편수'하여 만든 것으로 동양의학에 비하여 해부학이 크게 앞서 있고 병리학도 더 발달되어 있다고 지적하였다.

## 지석영의 종두법

지석영(池錫永, 1855~1935)은 의료인이면서 국어학자로 『우두신설(牛痘新說)』, 『자전석요』 등을 저술하였다. 1876년(고종 13) 일본과 조선 사이에 병자수호조약이 체결되고 그 해 수신사로 지석영의 스승인 박영선(樸永善)이 가게 되어, 지석영은 스승에게 일본의 종두법 실황을 알아봐 달라고 부탁하였다. 이에 박영선은 구가[久我克明]의 『종두귀감(種痘龜鑑)』을 얻어다 전해주면서 오다키[大瀧富川]에게 우두법을 배워서 전해주었다. 그 뒤 지석영은 1879년 일본해군이 부산에 세운 제생의원(濟生醫院)에 방문하여 마쓰마에[松前讓]와 도즈카[戶塚積齊]씨로부터 2개월간 종두법을 배운 후, 두묘(痘苗)와 종두침 두 개를 얻어 서울로 돌아오면서, 도중에 처가가 있는 충주에 들러 40여 명에게 시술하였다. 이것이 우리나라 종두법의 시초이다. 다음 해 서울에서 종두를 실시하여 호평을 받았으나, 두묘의 공급이 원활하지 않아서, 1880년 제2차 수신사 김홍집(金弘集)의 수행원으로 일본에

『우두신설(牛痘新說)』
출처: 한국민족문화대백과사전(한국학중앙연구원, encykorea.aks.ac.kr)

건너가 위생국 우두종계소장(牛痘種繼所長) 기쿠치[菊池康庵]에게
종두기술 즉 두묘의 제조, 저장법과 독우(犢牛)의 사양법(飼養法),
채장법(採漿法) 등을 배운 뒤 두묘 50병(柄)을 얻어가지고 귀국하
였다. 서울에서 군의인 마에다[前田淸則]에게 서양의학을 배우면
서 두묘를 만들어 종두를 보급하였다.

그는 서울 이외에도 전주(전라도), 공주(충청도)에 우두국을 설
치하고 종두를 실시하면서 종두법을 가르쳤고, 『한성순보(漢城
旬報)』에 외국의 종두에 관한 기사를 올려 종두법은 널리 알렸
다. 1885년 『우두신설(牛痘新說)』을 지었는데, 이것은 우리나라
에서 최초의 우두법에 관한 저서로 총 2권으로 되어 있으며,

제너의 우두법 발견, 우두의 실시, 천연두의 치료, 두묘의 제조, 독우의 사양법, 채장법 등이 서술되어 있다.

1894년 갑오개혁과 함께 위생국의 종두를 관장하게 되어 우두를 원활하게 보급할 수 있게 되었다. 그는 김홍집 내각이 들어서면서 형조참의, 승지, 동래부사를 지냈고, 의학교 설립을 제안하였고, 1899년 의학교가 설치되자 초대 교장으로 임명되었다. 1902년 그의 노력으로 부속병원이 설립되었고, 이듬해 첫 졸업생 19명을 배출했다. 그는 매독의 해독을 알리기 위해서 『황성신보(皇城新報)』에 「양매창론(楊梅瘡論)」을 발표하였고, 온역(瘟疫), 전염병, 양매창(楊梅瘡)의 예방법을 만들 것을 주장하기도 하였다. 1907년 의학교가 개편되어 대한의원의육부(大韓醫院醫育部)로 만들어지자 학감에 취임하였고 1910년에 사직하였다.

한편 개화의 중요성을 인식한 그는 1890년대 후반에는 독립협회의 주요 회원으로 크게 활약하면서, 개화가 늦어지는 이유로 한문을 지목하면서, 1905년 알기 쉬운 한글을 교육현장에서 활용할 것을 주장하였다. 주시경(周時經)과 더불어 한글의 가로쓰기를 주장하였고, 1908년 국문연구소 위원에 임명되었으며, 이듬해 한글로 한자를 해석한 『자전석요(字典釋要)』를 지었다. 그러나 얼마 지나지 않아 한일합병을 당하자 모든 공직에서 물러나서 초야에 묻혀 살다가 80세를 일기로 생을 마감하였다.

# 더 읽어볼 꺼리

이상에서 조선시대의 유학자들이 어떻게 과학사상을 발전시켜왔는지에 대해서 살펴보았다. 이 중에는 유학자라고 볼 수 없을 것으로 추측되는 사람도 있으나, 전반적인 차원에서 그가 위치하고 있는 자리가 중요하다는 판단으로 이 글에 넣기도 했다. 여기에서는 본 글을 만들기 위해서 참고한 자료들을 중심으로 더 읽어볼 꺼리를 몇 권 소개하고자 한다.

### 『조선후기과학사상사』(들녘, 2016)

문중양 선생님의 『조선후기과학사상사』는 유학의 철학적 전통에서 조선 중기와 후기 과학사상이 어떻게 전개되었는지를 매우 잘 보여주고 있다. 성리학과 관련해서 우주론, 천문, 존재론 등의 내용에 대해서 학술적으로 깊게 다루고 있다. 그 내용이 매우 풍부해서 관련 분야를 깊게 공부하고자 하는 이들에게는 매우 좋은 책이 될 것이다.

### 『조선시대 과학의 순교자』(사과나무, 2018)

이종호 선생님의 『조선시대 과학의 순교자』, 이 책은 과학자들의 이야기 중심의 서술로 매우 잘 꾸며져 있으며, 이 글을 쓰는 데에 가장 많은 도움을 받은 책이다. 순교자라는 제목이 조금 과한 느낌을 주기는 하지만, 책의 전체적인 내용은 조선시대의 유학(실학)자들이 어떻게 과학을 풀어나갔는지를 잘 보여주는 대중적인 책이다. 이 책은 조선시대의 과학의 흐름을 이해하기를 원하는 일반인들에게 매우 좋은 책이 될 것이다.

### 『조선과학인물열전』(휴머니스트, 2003)

김호 선생님의 『조선과학인물열전』은 역사학자가 쓴 과학인물사로, 위에서 두 번째로 소개한 책과 비슷한 형식을 가지고 있는 책이다. 독자들의 가독성을 잘 고려한 책으로 쉽게 잘 이해될 수 있는 책이다. 실학자들 중심의 인물을 넘어서 더 많은 인물들이 소개되고 있다. 이 글의 주제가 유교와 과학이어서 다루지 못한 과학자들도 이 책에서는 만날 수 있기 때문에 더욱 좋은 읽을 꺼리가 될 것이다.

### 『우리 과학 문화재의 한길에 서서』(사이언스북스, 2016)

전상운 선생님의 『우리 과학 문화재의 한길에 서서』는 과학문화재 중심으로 서술된 흥미로운 책이다. 한반도에 살면서도 잘 모르고 지나쳤던 문화재들의 과학적인 특징들을 풀어내 독자들에게 학술적인 공부와 재미를 함께 부여해주는 좋은 책이다.

# 종교와 과학의 만남

설충수

## 세계지도는 우리에게 무엇을 의미하는가?

세계지도를 펼쳐놓고 종종 즐거운 상상을 한 경험이 있을 것이다. 이번 방학엔 어디를 여행갈까? 유럽, 미국여행! 이런 여행에 대한 상상은 늘 우리를 즐겁게 하는 일이다. 세계지도는 이런 즐거운 상상을 가져다주는 공간이면서 이 즐거운 상상 속에 우리의 다양한 만남을 가져온다. 문화가 다른 사람들의 만남, 인종이 다른 사람들의 만남…아마도 이런 무수한 만남 속에 세계지도를 통해 동양과 서양의 만남 또는 종교와 과학의 만남도 있을 것이다.

이런 만남들을 기대하면서 여행을 준비할 때는 행복한 것 같다. 무슨 아르바이트를 하며 여행경비를 모으는가하며 고민도 하지만 이런 고민은 행복한 것처럼 보인다. 그런데 이런 세계여행을 꿈꾸는 필요한 조건은 경제적인 부분도 또는 매스미디어를 통해 다양한 나라에 대한 정보를 취합하는 것도 필요하지만 빼놓을 수 없는 전제는 아마도 우리가 살고 있는 지구가 둥글다는 것이다. 둥글기에 가도 가도 끝이 없으며 결국 자기의 자리로 다시 돌아올 수 있다는 것이다.

그런데 이런 즐거운 상상을 옛날 사람들은 어떻게 즐겼을까? 우리는 지금 지구가 둥글다는 것을 알고 있으면서 이런 상상을 가능케 하지만, 예전 사람들은 지구가 둥글다는 것을 알지 못했던 사람들에게 이런 상상이 가능했을까? 아마도 이런 질문이 우리가 왜 세계지도를 꺼내야만 하는지에 대한 대답이 될 것이다. 지구가 둥글다는 인식이전의 사람들은 자신의 세상 밖으로 나가는 것을 두려워했다. 이런 두려움을 지닌 사람들이 세계지도를 보고 두려움을 떨쳐버렸고 즐거운 상상의 길로 나아가지 않았을까?

길은 새로운 세상을 만나는 통로이다. 누구나가 이 길로 나아갈 수 있고 이 길을 만들어낼 수 있다. 루쉰의 『광인일기』 중 "고향(故鄕)"이란 한 부분에 이렇게 적고 있다.

"희망이란 원래 있다고도 할 수 없고, 없다고도 할 수 없다. 그것은 마치 지상의 길과 같은 것이다. 본래 지상에는 길이 없다. 지나가는 사람이 많아지면 곧 길이 되는 것이다.(我想：希望是本無所謂有, 無所謂無的, 這正如地上的路, 其實地上本沒有路, 走的人多了, 也變成了路。)"

누가 걸어갔기 때문에 이 길만이 정답이라고 하는 것이 아니라, 누구나가 걸어갈 수 있기에 이 세상에는 무수한 길이 만들어질 수 있다는 의미이다. 그렇기에 길은 새로운 세상을 만나는 통로이며 이 길은 누구의 소유가 아니라 우리 모두가 걸어갈 수 있는 길이다. 바로 인류는 이 길을 통해 동양과 서양이 서로 만났다. 아마도 이 길들을 모아놓은 것이 세계지도인지도 모르겠다. 세계지도에 대한 이해를 우리는 단순한 지리적 접근보다 종교적이며 문화사적 접근을 통해 살펴보고자 한다. 기독교는 그 복음을 들고 서양에서 동양으로 전파할 때 단순히 복음만을 전파했을까? 기독교의 전파와 더불어 동양사회에 전파된 서양의 문화, 과학은 어떤 모습이었을까? 그리고 그 반대의 모습은 어떠했을까? 서양사회에 전파된 동양의 문화, 사상 그리고 과학은? 세계지도는 아마도 이런 동양과 서양의 만남 그리고 종교와 과학의 만남이 이뤄지는 공간이라고 할 수 있다.

바로 세계지도를 통해 이런 만남을 찾아보고자 한다. 그렇기에 세계지도는 이런 무수한 만남을 축적해온 다양한 지리지식과 이들을 결합하고 종합할 수 있는 문화적 코드 없이는 제작하기 어렵다고 볼 수 있다. 오랜 세월을 걸쳐 만들어져 내려온 세계에 대한 사고가 투영된 공간이 바로 세계지도라고 할 수 있다. 우리는 바로 이런 세계지도를 통해 동양과 서양이 어떻게 만났고 또한 종교와 과학이 어떻게 만났는지를 살펴볼 것이다.

그 길로 여러분을 초대한다.


## 만남을 위해 노력하는 사람들

### 동서양의 만남

위의 지도는 동양과 서양이 서로 만남을 이루었던 길들을 보여주고 있다. 대표적인 실크로드나 해상로 등. 시기는 좀 다르지만 동양과 서양의 만남에서 중요한 역할을 한 길이다. 이 길을 통해 동양과 서양은 서로를 알아갔을 것이다. 카터 (T.F.Carter)는 『중국인쇄술의 발명과 서구 전파』(The Invention of Printing in China and its spread Westward)에서 중국의 4대 발명품이 유럽 문예부흥에 물질적 기초를 제공했다고 보았다. 이 4대 발명품은 제지, 인쇄술, 화약, 나침반이다. 제지와 인쇄술은 민중

교육의 기초를 다지는 바탕이 되었으며, 화약은 봉건제도를 뿌리 뽑고 민중 자위군의 기초를 건립했으며, 나침반은 지리상의 대발견을 가져오는 기초가 되었다. 모두 서양의 문예부흥에 중대한 영향을 미쳤으며 중국인으로 하여금 매우 중요한 지위를 차지하도록 했다.

### 동서양 만남의 개척자들: 선교사와 베니스상인

이런 서양사회에 대한 중대한 영향을 미치는 중국을, 동양을 서양인들이 가만히 두고만 보고 있었을까? 아닐 것이다. 이에 우리는 서양 문예부흥시기에 서양인들이 어떻게 동양을 이해했는지 그 개척자들의 모습을 살펴봐야 한다. 대표적인 개척자들로 먼저 선교사를 볼 수 있다.

로마의 교황 이노센트 4세(Innocent IV)와 프랑스 국왕 루이 9세(Louis IX)는 열의를 갖고 몽고와 연락을 시도했는데, 이들은 선교사를 중국으로 파송하기로 결정하면서 다음과 같은 목적을 성취하려고 했다. 첫째는 몽고인이 유럽 내에서 살육을 할 수 없도록 하기 위해서, 둘째는 몽고인을 교화시켜 기독교로 개종시키기 위해서, 셋째는 몽고의 힘을 빌려 터키인을 제압함으로써 성지를 되찾고자 했다. 플라노 카르피니(Plano Carpini), 뤼브뤼키(Rubruquis), 몬테 코르비노(Giovanni da Monte corvino)등 많은 선교사들이 중국으로 보내졌다. 몬테 코르비노는 1289년 교황의 명을 받들고 중국에 와 선교활동을 전개했다. 1305년 한팔리(汗八裏, Cambalec, 베이징)에서 보낸 편지에 의하면, 거란(Cathay)에서의 선교와 경성(京城)에서의 교당 건축 및 세례받는 일 등을 언급하고 있다.

다음으로 베니스의 상인을 들 수 있다. 니콜로 폴로(Nicolo Polo)는 그의 형제 마테오 폴로(Matteo Polo)와 함께 1260년에 흑해로 가서 장사를 시작했다. 이들은 콘스탄티노플에서 출발해 바닷길을 따라 손다크(Sondak)에 이르렀다. 다시 말을 타고 여러 날을 이동해 타타르(Tatar)의 군주 주소(駐所)에 도착해 거기서 1년을 체류한 후 사막을 건너 보하라에 도착했다. 처음에는 북행을 하다가 다시 동북으로 향하였다. 그리고 다시 말머리를 돌려 한 달 후 비로소 쿠빌라이 칸이 있는 곳까지 이르렀다. 가는 길에 적지 않은 기이한 사물들을 만났고 칸을 만난 후 매우 우대를 받았다. 칸은 기독교와 로마 교황에 대해 물은 후 서로 사절을 파견해 우호 관계를 맺기를 희망했다. 그리고 칠예(七藝)에 능한 현자 백 명을 교황이 파견해 줄 것을 요청했다. 이런 희망과 요청을 안고 이들은 1269년에 아크르(Acre)에 도착했는데, 예전의 교황은 이미 죽었고 새로운 교황은 아직 선출되지 않은 상태였다. 시간적으로 너무 늦을 것을 염려해 결국 이들은 니콜로의 아들 마르코(Marco)를 데리고 가서 칸을 알현토록 했다. 이것이 바로 우리가 알고 있는 마르코 폴로의 『동방견문록』이 탄생하게 된 배경이다.

마르코 폴로는 이탈리아의 상업 도시 베네치아에서 상인의 아들로 태어났다. 그는 열일곱 살 때인 1275년 아버지와 삼촌을 따라 원나라의 세조 쿠빌라이의 여름궁전이 있던 상도에 도착했다. 그는 세조의 신임을 얻어 17년간 원나라 관리로 일하며 중국의 여러 지방뿐 아니라 주변국들을 두루 둘러볼 수 있는 기회를 갖게 되었다. 1292년 고향인 베네치아로 돌아온 후『동방견문록』을 발표했다. 이 책에 묘사된 황금 궁전, 불붙는 돌, 종이돈, 포장된 길 등에 대해 사람들은 전혀 믿지 않았다. 그러자 그는 "내가 본 것의 절반만 말했을 뿐이다."라고 말했다. 마르코 폴로의 말을 믿지 않는 사람들도 많았지만 이들과는 반대로『동방견문록』에 묘사된 곳을 찾아 나서려는 사람들도 있었다.

학자들은『동방견문록』의 내용이 사실과 다르다는 점을 지적하며 마르코 폴로가 실재한 인물이 아니라는 주장을 제기하기도 했다. 하지만 그의 유언장과 삼촌인 마페오 폴로의 유언장, 그가 제네바 전투에서 포로로 잡혀 감옥 생활을 할 때 같은 감옥에 있던 작가 루스티켈로에 의해『동방견문록』이 집필되었다는 기록이 등장하며 이 논란은 불식되었다. 마르코 폴로가 실제로 동방을 여행하지 않고 이 책을 썼다는 주장도 제기되었다. 마르코 폴로가 중앙아시아까지만 다녀오고 그곳에서 전해들은 원나라의 이야기를 옮겼다는 것이었다.

여기에는 그가 17년간이나 원나라의 관리를 지냈다고 주장하는 데 비해 중국의 사서 어느 곳에서도 그의 이름을 찾을 수 없다는 점, 『동방견문록』에 등장하는 60여 곳의 지명 중 단 3곳만이 중국어로 기록되어 있다는 점, 실크로드의 관문인 둔황에 대한 언급이 없다는 점, 차 문화나 전족 등 당시 중국 풍습에 대한 언급이 없다는 점, 만리장성 같은 거대 건축물들에 대한 언급이 없다는 점 등이 근거로 제기된다. 하지만 대다수의 학자들은 『동방견문록』에 다소 과장된 표현은 있지만 그의 여행은 실제로 이루어졌다고 생각한다.

물론 마르코 폴로의 『동방견문록』에 대한 진의여부 문제가 존재하지만, 어쨌든 이 책 『동방견문록』은 세계사에 큰 영향을 끼친 책 중 하나다. 이 책을 통해 유럽인들은 전혀 알지 못하던 새로운 세계에 대한 꿈과 환상을 품었으며, 콜럼버스는 이 책에서 항해에 대한 영감을 얻어 신대륙 발견에 나섰다. 중국에서 18년간 머물면서 외교사절로 각 나라를 돌아다니고 당시 중국(특히 거란, Cathay)의 번성한 물질문명에 대한 칭찬을 아끼지 않았던 마르코 폴로였다. 웰스는 『역사대강』에서 "『마르코 폴로의 동방견문록』(The Travels of Marco Polo)은 13세기 세계를 개척한 하나의 위대한 역사책이다. 이것은 우리들에게 많은 상상력을 제공할 뿐만 아니라 모든 편년사가 갖는 역할을 넘어서고 있다. 아메리카 대륙의 발견 역시 여기서 직접적인 영향을 받은 것이다."고 했다. 바로 이『동방견문록』이 이후 1492년 이탈리아 항해가 콜럼버스(Christopher Columbus, 1446~1506)에게 영감을 줘 아메리카 신대륙을 발견하는 대성과를 가져왔으며, 또한 1497년 포르투갈 항해가 가마(Gama, Vasco da, 1469~1524)가 이 책의 영향을 받아 거란국을 탐험하고자 했으나 결과적으로 희망봉을 돌아 인도에 이르는 항로를 개척했다. 물론 마르코 폴로의 여행기가 진짜인지를 놓고 펼쳐지는 논쟁도 있지만, 당시 서양 유럽인들이 바로 이 여행기를 통해 신비의 땅, 황금의 나라 그리고 거대한 면적과 엄청난 인구가 사는 중국을 상상하게 되었다. 이런 미지의 세계에 대한 지적 호기심은 서양인들의 자유로운 연구정신을 폭발시켰다.

## 예수회는 누구인가?

유럽인들은 신대륙에로의 진출이 있었던 15세기 중엽부터, 스페인과 포르투갈은 경쟁적으로 식민지를 확장해 나갔었다. 이 때 천주교도 '보교권(保敎權)'[Padroado(葡) ; Patronato Real(西)] 제도[1]에 힘입어 선교의 확장시대로 들어섰다. 포르투갈은 1534

---

1 '保敎權'은 '국가 후원의 선교' 또는 '보호권'이라고도 한다. 1493년 5월 3일, 당시 교황 알렉산델 6세(1492~1503 在位)가 스페인과 포르투갈 국왕에게 부여한 特典으로 선교사 選拔權과 配置權뿐만 아니라 식민지에서의 교회 設立權과 主敎候補者 提請權 및 十一租 徵收權 등을 의미한다.(鄭鎭甽,「保護

년에 인도의 고아(Goa)에 교구를 설립하고, 동아시아 지역의 교무를 통할하게 하였다.[2]

예수회원이었던 프란치스코 하비에르(Franciscus Xavier, 1506~1552)는 인도, 말레이 반도의 말라카(Malacca) 등, 동남 아시아 군도에서 선교하다가 일본으로 건너가 교회를 창설(1549)하였다. 그 후 일본문화의 원류인 중국을 더 먼저 복음화해야 하겠다는 생각과 그렇게 된다면 한자 문화권 국가들의 선교가 훨씬 수월하게 될 것이라는 생각에 일본을 떠나 중국으로 향하게 되었다. 원대한 그의 꿈은 중국 대륙의 문전인 상천도(上川島)에서 풍랑으로 파선되어 이 섬을 오르고 그 다음해인 1552년 병으로 세상을 떠나게 됨으로써 그의 의지는 일단은 좌절[3]되었으나, 그 후 50여 년 뒤인 1601년에 마테오 리치 신부가 베이징(北京)에 도착함으로서 그 꿈을 이루었다.

---

權」, 『한국가톨릭대사전』 5권, 한국교회사연구소, 1997, 3489~3490쪽 참조)

2   1534년에 고아(Goa)는 Funchal(모로코 앞 바다에 있는 섬 Madeira의 首都) 敎區의 屬敎區로 제정되었다. 그 管轄地는 희망봉으로부터 몰루카스까지였다. 1558년, 고아는 코친과 말라카를 屬敎區로 하는 大主敎區가 되었다. 후에 다른 屬敎區들이 더 服屬되었으니, 1576년에 마카오 敎區가, 1588년에 일시적으로 일본의 후나이(府內) 敎區 등이 服屬되었다. 1690년에는 中國에 새로 설정된 北京과 南京 主敎區들이 고아의 屬敎區로 配屬되었다. 이로써 中國의 屬敎區들이 포르투갈 保敎權 下에 놓이게 된 것이다. 1886년부터 고아는 東印度 諸國의 大主敎區이면서 아울러 Cranganore 大主敎區이기도 했다(J. Wicki, Goa, *New Catholic Encyclopedia VI*, McGRAW-HILL, 1967, p.533).

3   후안 카트레트 지음, 신원식 옮김, 『예수회 역사』, 이냐시오 영성연구소, 1994, 18쪽.

이에 동서문명의 만남에서 빼놓을 수 없는 한 주체가 바로 예수회이다. 마테오 리치를 비롯한 명말청초 동서양 만남의 중대한 영향을 미쳤던 사람들이 바로 예수회 선교사이다. 예수회는 로욜라 지역의 이냐시오가 설립했는데, 그는 부상당한 퇴역 군인으로 파리대학에서 1534년 예수회를 결성했다. 예수회는 "교황의 기사"라는 호칭이 붙을 정도로 오직 신과 교황에게만 복종하겠다는 결사의 표시로 보였다. 유럽사회에 일어났던 종교개혁의 여파로 가톨릭 안에 일종의 개혁운동의 바람이 불었다. 이 개혁운동의 일환이 바로 예수회의 등장이었다.

예수회는 전통적 종교 중심의 수도승 또는 수도원 성격의 단체가 아니라 교육을 중심에 두고 시대에 부합하는 단체의 성격으로 출발했다. 포르투갈의 인도항로 개척과 이를 통한 식민지 개척의 노력이 예수회가 명성을 얻게되는 계기를 마련했다. 주앙3세가 새로운 시장개척과 함께 종교의 전파를 교황청에 요청했다. 이에 부응하여 예수회에서 처음 동양으로 파견된 사람이 바로 프란치스코 자비에르이다. 자비에르는 1542년 인도와 말라카를 선교했으며 1549년 일본을 선교했다. 1551년 인도로 돌아가는 길에 남중국해에서 풍랑을 만나 상천도에 이르게 된다. 그러나 이듬해 고열로 사망했다. 그리고 이 자비에르가 사망하는 해에 동서문명교류의 최고 촉진자라고 할 수 있는 마테오 리치가 태어난다. 마테오 리치는 이탈리아 마체라타의 명망있는 집안에서 태어났다. 그는 마체라타 예수회 콜레지움에서 선교사로서 양성되었으며, 이 과정에서 철학, 신학, 라틴어, 그리스어, 수사학 등 인문과학 그리고 수학, 천문학, 지도제작법, 물리학 등을 수학했다. 그의 나이 25세에 동방선교로 부름을 받아, 다음 해 인도 고아에 도착해 예수회 학교에서 인문학을 강의했다. 이후 1580년에 사제서품을 받고, 1582년 중국선교를 위해 마카오에 도착했다. 이후 광저우, 쟈오칭, 사어줘, 난창, 난징을 걸쳐 마침내 중국의 황제가 거하는 베이징에 이르러 기독교 선교뿐만 아니라 서양의 문명과 과학을 전파하는 역할을 감당한다.

바로 이런 마테오 리치를 만들어 낼 수 있었던 예수회를 김혜경은 다음과 같이 평가하고 있다. "예수회는 정치적으로 위상이 떨어진 가톨릭교회에 대한 이미지를 바로 세우고 사회, 문화적으로 확산되고 있는 휴머니즘의 근간인 새로운 사상의 대두에 대한 신학적인 응답을 함으로써 유럽사회와 교회간의 관계를 재정립하는 기능을 하였다."(김혜경, 『예수회의 적응주의 선교』, 98.) 이런 예수회는 과학을 어떻게 이해했을까? 그들의 자연에 대한 이해는 바로 사람들로 하여금 하나님을 찬송토록 고무시키는 것으로 바로 하나님의 위대하심을 찬송하는 것이 하나님 백성의 의무라고 보았다. 그리고 이런 하나님을 찬송하는 가장 좋은 방법은 자연을 연구하고 인식하는 것이라고 여겼다. 왜냐하면 하나님의 지혜는 그의 창조된 자연질서 안에 체현되어 있기 때문이다. 그리고 사회복리를 도모하기 위해 가장 좋은 방법은 과학기술을 사용해 사회를 위해 더 많은 물질재부를 창조하는 것이기 때문이다. 당시 유럽사회가 종교의 영향으로 여전히 과학에 대해 압제와 배척적인 관점을 견지하는 분위기에서 예수회의 과학에 대한 자세는 새로운 시대를 꿈꾸는 모습처럼 보였다.

## 세계지도를 통해 본 종교와 과학의 만남 그리고 충돌

### 마테오 리치의 세계지도

마테오 리치는 1582년에 중국선교를 위해 마카오에 도착한 이후 1610년 베이징에서 사망할 때 까지 중국인에게 기독교를 전파한 사람이다. 중국선교 초기에 주로 중국의 남방지역에서 활동하면서 불교에 대한 밀착을 의도적으로 취했다. 이 때문에 불교의 승복을 입고 많은 승려들과 만나 대화를 하는 모습을 보여주기도 했다. 그러나 명말시기 불교에 대한 견제가 대대적으로 이루어진다. 예를 들어, 1601년 명말시기 사대고승 가운데 한 사람인 자백 진가(紫柏眞可, 1543~1603)가 북경에 입경할 때가 불교의 영향력이 최고조에 이르렀을 때이다. 그러나 1602년 형과 급사중 장문달(張問達)이 불교에 친근한 이지(李贄, 호는 탁오 卓吾)를 탄핵하고 이지는 오래지 않아 감옥에서 자살하는 사건을 계기로 불교에 대한 견제가 시작되었다. 이런 상황은 왕조의 허락을 받아 선교를 실시하고자 한 마테오 리치에게 더더욱 불교에 대한 태도보다 유교로 기울 수 밖에 없는 이유를 제공했다고 볼 수 있다. 마침내 마테오 리치는 승복을 벗고 유학자들이 입는 유복으로 갈아입으면서 중국종교에 대한 인식의 변화 뿐만 아니라 기독교선교의 대상 또한 유학자들로 갈아타는 모습을 보여주고 있다. 이에 그를 서승(西僧)에서 서사(西士)로 불릴 정도였다.

특히 마테오 리치는 중국의 옷을 입고 신발을 신으며, 중국의 집에서 생활하며 중국의 관습에 맞지 않은 것은 말하지도 먹지도 마시지도 않고 있습니다라고 할 정도로 중국사회의 생활양식에 적응하는 선교전략을 실천했다. 이런 그의 노력은 기독교전파뿐만 아니라 종교전파를 위해 과학을 이용하고자 하는 예수회의 전략과도 부합해 지도, 천문학, 기하학, 자명종, 프리즘, 지구본, 천체관측기 등을 다양한 서방의 과학을 중국에 소개한다. 이런 과학과 자연이성에 대한 호소는 자연스럽게 그의 많은 저작 가운데 드러나게 되었는데, 『서양기법』(西洋記法, 1596)은 아리스토텔레스와 중세의 고전 암기술을 소개한 책이며, 『기하원본』(機何原本, 유클리드저작)은 전체 6권의 번역서로 한림원 서광계(徐光啓)와 함께 번역해 서양의 기하학에 대해 소개한 책이다. 그 외에도 『교우론』(交友論, 1595년경으로 마테오 리치의 첫 중문저서), 『이십오언』(二十五言, 1599년, 고대 그리스 스토아 철학자 에픽테투스(Epictetus)의 잠언

집을 중국인들에게 맞게 고쳐 쓴 편역서), 『기인십편』(畸人十篇, 중국
사대부 선비들과 나눈 토론을 통해 기독교 신앙을 소개한 기독교 변증서로서
주로 성서말씀 마태복음 7장 14절과 로마서 8장 18절을 한자로 풀어서 소개하
고 있다) 등이 있다. 물론 마테오 리치에게서 빠질 수 없는 저작으론
『천주실의』(天主實義, 1603년, 중국지식인과 서양지식인의 대화형식으로
주로 기독교와 유교의 대화를 그리고 있다)가 있다.

당대의 천재라는 소문이 날 정도로 엄청난 암기력을 지닌
마테오 리치는 무수한 저작을 쏟아내는 것뿐만 아니라 많은
서방의 과학사상과 문명을 중국에 전달하는 역할도 했다. 여기
서 우리는 그가 제작한 지도를 살펴보고자 한다.

| 지도 | 제작년도 | 장소 | 비고 |
|---|---|---|---|
| 산해여지도<br>(山海輿地圖) | 만력(萬曆) 12년<br>(1584) | 짜오칭(肇慶) | 왕반(王泮) 판각(刻版) |
| 세계도지<br>(世界圖志) | 만력 23년<br>(1595) | 난창(南昌) | ? |
| 산해여지도 | 만력 23~26년 | 쑤조우(蘇州) | 왕반본을 개정 |
| 산해여지전도<br>(山海輿地全圖) | 만력 28년 | 난징(南京) | 오중명(吳中明) 판각 |
| 곤여만국전도<br>(坤輿萬國全圖) | 만력 30년 | 베이징(北京) | 이지조(李之藻) 판각 |
| 곤여만국전도<br>(坤輿萬國全圖) | 만력 30년 | 베이징(北京) | 각공모(刻工某) 판각 |
| 양의현람도<br>(兩儀玄覽圖) | 만력 31년 | 베이징(北京) | 풍응경(馮應京),<br>이응시(李應試) 판각 |

마테오 리치는 당시 서양의 그레고리오력의 편찬자인 클라비우스(Christophorus Clavius, 1538~1612)의 문하생이기도 했다. 클라비우스는 당대 저명한 과학자이며 예수회 신부로 교황 그레고리우스의 율리우스력 개혁을 위한 교황청 위원회 수석 수학자로서, 그레고리우스력 달력 개정에 크게 기여했다. 바로 그의 밑에서 마테오 리치는 수학과 천문학을 배웠고 이런 바탕에 기초해 세계지도를 제작할 수 있었다. 오상학 교수는 이런 마테오 리치의 지도가 어떻게 활용되는지 다음과 같이 언급하고 있다.

우리의 땅이 그들 왕조로부터 매우 멀리 떨어져 있으며 그 사이에 거대한 바다가 놓여 있다는 것이 모두 사실이라고 생각하게 되었다. 이로 인해 중국인들은 우리가 그들을 정복하러왔다는 두려움을 떨쳐버릴 수 있었다.(오상학, 154)

『곤여만국전도』와 『양의현람도』 그리고 『직방외기』

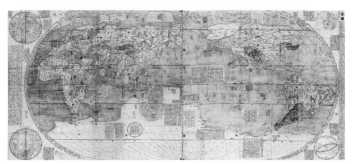

곤여만국전도(이지조본)

위의 마테오 리치 세계지도 중 가장 영향력이 큰 지도는 『곤여만국전도』(坤輿萬國全圖)일 것이다. 이 곤여만국전도 명만력 30년에 리치와 명조 관원 이지조(李之藻)⁴가 공동으로 제작한 것으로 중국최초의 세계지도라고 불린다. 마테오 리치는 광동 짜오칭에서 선교할 때 이미 서방문자로 새겨진 세계지도를 그려놓고 이것을 천주교당 문에 걸어놔 중국인의 호기심을 불러일으키는 선교를 진행했다. 마침내 베이징에서 선교허가를 받고 만력 황제를 알현하고자 하는 뜻으로 자명종과 성모상 그리고 세계지도 등의 예물을 헌사했다. 만력 황제는 특별히 세계지도에 관심을 가졌다. 이후 오래지 않아 리치는 이지조와 합작해 한폭의 중문판 세계지도를 제작해 황제에게 헌사했다. 이것이 바로 곤여만국전도가 만들어지게 된 배경이다.

곤여만국전도의 곤(坤)은 땅을 의미하고, 여(輿)는 역사적으로 토지를 측량하는데 사용한 수레(記裏鼓車)를 의미한다. 온세상을 두루 포괄하는 만국의 땅을 측정한 지도인 셈이다. 이 곤여만국

---

4  이지조는 절강성 인화 사람으로, 1598년에 진사가 되었다. 그는 1601년 베이징에서 마테오 리치를 만난다. 그리고 이런 교우관계가 오랜 이후 드디어 1610년에야 천주교에 입교하게 된다. 그는 리치를 도와 서방신학, 철학 그리고 많은 과학서적 등을 번역 소개하는 일을 했다. 그의 입교가 늦어진 이유는 천주교의 "일부일처제"를 수용할 수 없었기 때문이라고도 한다. 당시 중국사회에는 첩제도 보편화되어 있던 때였다. 그러다 1610년 중병으로 고생할 때 마테오 리치가 그를 지극 정성으로 간호했다. 이지조는 여기에 감동을 받아 입교를 결심했다고 한다. 그는 입교이후에도 유교를 벗어버리지 않고 천주교와 유교의 융합을 위해 노력했다.

전도는 원래 6폭의 병풍형태로 제작된 것으로 세로 168,7센티, 가로 380,2센티로 이뤄졌다. 이 지도는 리치가 당시 서양의 메르카토르의 세계지도와 오르텔리우스의『세계의 무대』에 실린 세계지도 등을 저본으로 삼아 중국인들에게 맞게 다시금 제작한 것이다. 이렇게 중국인에게 맞게 편집을 하는 과정에서 마테오 리치의 의도가 충분히 가미되었다고 볼 수 있다. 저본으로 삼았던 서양의 지도들은 대부분 중국을 오른쪽 끝자락에 배치시켰다. 이점은 낯설은 지도를 바라보는 중국인의 심기를 건드는 일처럼 여겨졌다. 이에 리치는 지구가 둥글다는 기초위에 둥근 것에는 어느 곳도 무게중심이 될 수 있다는 생각에서 과감하게 중국을 중앙에 배치시키는 지도를 창안하게 된 것이다.

> "그들은 하늘은 원이고 땅은 모난 것이라고 여겼다. 그리고 그들은 자기 제국이 그 정중앙에 있다고 확신했다. 그들은 중국을 동양의 한구석에 밀어 넣는 우리들의 지리개념을 좋아하지 않았다. 그들은 땅이 육지와 바다로 이루어진 구이며, 구는 본성상 처음과 끝이 없다는 점을 증명하는 우리의 설명을 이해할 수 없었다. 따라서 그 지리학자(리치)는 원래의 도안을 바꾸지 않을 수 없었다. 그는 지도의 양편에 여백을 만들어 중국이 중앙에 위치한 것처럼 보이게 했다. 이는 그들의 관념에 훨씬 더 부합했고, 그들은 이에 대해 아주 즐거워하고 만족스러워했다."(Nicolas Trigault(金尼閣), 利瑪竇,『利瑪竇中國箚記』廣西師範大學出版社, 125)

"땅이 이미 둥글다면, 어느 곳이든 중심이 아닌 곳이 없을 것이다. 따라서 동서남북 같은 방향구분은 사람들이 제각기 사는 곳을 기준으로 이름 붙인 것에 지나지 않으며, 처음부터 정해진 기준이 존재하는 것은 아니다."(알레니, 『職方外紀(직방외기)』, 五大洲總圖界度解(오대주총도계도해))

바로 이 과감한 도전으로 만들어진 곤여만국전도는 계란형상을 본뜬 보르도네 난형도법으로 위선을 10도 간격으로 직선으로 그렸고, 경선은 중앙선만 직선이고 나머지는 동일간격의 곡선으로 제작했다. 그리고 이를 통해 적도를 중심으로 남북반구로 구분했고, 동경 170도를 기준으로 동서반구로 구분했다. 이 지도에는 지구도설과 구중천도, 천지의도, 적도북지반구지도, 일월식도, 적도남지반구지도 등이 같이 그려져 있다. 그리고 많은 유럽지역의 지명을 대부분 한자로 표기할 뿐 아니라 중국 각성의 명칭도 표기하고 있다.

리치 신부가 전중국의 철학계를 놀라게 한 것은 바로 중국인들에게는 새로웠던 유럽의 과학지식을 통해서였다. 그들은 그로부터 처음으로 세계가 둥글다는 것을 배웠다. 그들은 세계의 모든 표면에 사람이 거주하고 있다거나 땅의 반대편에도 사람이 떨어지지 않고 살수 있다는 점을 알지 못했다. 그들은 하늘이 단단한 물질로 이루어져 있고, 별들은 고정되어 제멋대로 움직이지 않으며, 10겹의 천구가 서로를 감싼 채 반대되는 힘들에 의해 움직인다는 사실을 알지도 못했고 사실상 들어보지도 못했다. 그들의 원시적 천문학은 이심이나 주전원에 대해서도 아는 바가 없었다. 마테오 리치가 중국에 오기 전까지 중국인들은 지구의 표면이 경선과 위선으로 구획된 것을 본 적이 없었고, 적도, 회귀선, 양극, 지구상의 기후대 구분에 대해서도 전혀 알지 못했다. (Nicolas Trigault의 글, 임종태, 『17, 18세기 중국과 조선의 서구 지리학 이해』, 42에서 재인용.)

이렇게 중국의 황제뿐만 아니라 중국지식인에게 놀라움을 가져오는 곤여만국전도는 엄청난 인기를 실감했다. 마테오 리치의 『입화기록(入華記錄)』에 의하면, 곤여만국전도 간행 후 다음 해에 베이징의 많은 사대부들이 지도를 보려고 방문을 요청했다고 한다. 그러나 이지조가 고향으로 돌아가면서 남방의 학자들에게 이 지도를 보여주려고 가지고 가는 바람에 베이징에 이 지도가 없게 되었다. 매일 늘어만 가는 방문 요청에 결국 당시 예수회의 영향을 받은 학자 이응시(李應試, 이바울)의 요청으로 마테오 리치는 곤여만국전도를 기초로 한 8폭의 더 큰 지도를 복각하게 된다. 이것이 바로 양의현람도가 만들어지게 된 배경이었다. 1603년 베이징에서 풍응경(馮應京)·이응시(李應試)가 판각한 지도이다.

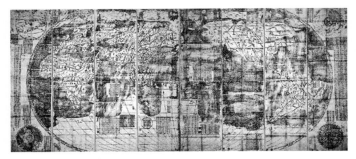

양의현람도(숭실대본)

　이 양의현람도의 양의(兩儀)는 주로 천구의와 지구의(地極)를 가리키는 것으로 이것은 구담실달(瞿曇悉達), 『대당개원점경(大唐開元占經)』에 "천에는 양의가 있어 이로서 도 가운데 춤춘다(天有兩儀, 以舞道中)." 것에서 유래했다고 볼 수 있다. 즉 하늘과 땅을 의미하는 천지 건곤(乾坤)을 말한다. 그리고 현람은 도가의 현상(玄象)의 학(學)에서 기원했는데, 즉 『도덕경(道德經)』의 "마음은 현명한 곳에 거하며 만사를 바라봐 안다. 그러므로 이를 현람이라 한다(心居玄冥之處, 覽知萬事, 故謂之玄覽也)"에서 유래한 것이다. 바로 일월성신이 하늘에서 이룬 상을 말할 때 현상의 학으로 주로 무형무상의 도를 형용하여 마음속에서 만물을 안다는 의미로 사용하는 것이다. 아마도 이런 이름을 붙인 이유는 마테오 리치의 의도가 숨겨져 있다고 볼 수 있다. 다시 말해, 유학자들 뿐 만 아니라, 도교에 대해서도 그 대상으로 두고 있음을 짐작케 한다.

이 양의현람도가 세상에 처음 소개된 것은 영국의 작가이며
『마테오 리치의 중국지도』의 저자인 바들리(John F. Baddeley)인
데, 그는 1917년 그의 논문에서 양의현람도의 존재가 알려지긴
했으나 유럽에는 존재하지 않고, 중국에서 그 지도를 찾아볼
수 있을 것이라고 추정했다. 이 양의현람도는 곤여만국전도 1
판, 2판에 이어 제3판으로 양의현람도가 간행된 것으로 알고
있다. 여기서 잠깐 이 양의현람도는 세계적으로 단 두 곳 밖에
없다. 하나는 선양(瀋陽)의 요녕성박물관(遼寧省博物館)에 소장하
고 있는 것으로 중국의 문화대혁명 시기를 거치면서 많은 부분
이 파손되어져 있다. 이것은 1981년 요녕성박물관 학술논문집
에 〈利瑪竇和他的兩儀玄覽圖簡錄(리마두화타적양의현람도간록)〉이
라는 논문을 발표한 왕선후(王綿厚)에 의해 중국 학계에 알려졌
는데, 1994년 발간된 『中國古代地圖集(중국고대지도집)』에는 요
녕성박물관 본이 세계 유일본이라고 적고 있다.

그리고 나머지 하나가 숭실대기독교박물관에 소장되어 있다.
이 숭실대박물관이 양의현람도를 소장하기까지는 박물관의 설
립자인 김양선(金良善) 박사의 공이 크다고 볼 수 있다. 원래
이 지도는 1604년 황여일(黃汝一)의 아들 황중윤(黃中允, 호는 동명
(東溟))이 동지사(冬至使) 일행을 따라 북경에 가 입수한 것으로
알고 있다. 황중윤의 연행록(燕行錄)에 이를 기록하고 있다. 평해
황씨(平海黃氏) 종가(宗家)에서는 이를 전수하여 내려오다가, 1936

년 이 집안의 증손 황병인(黃炳仁)이 일본 유학중 와세다(早稻田)대학 이시다 미키노스케(石田幹之助) 교수와 아유자와 신타로(鮎澤信太郞) 교수에게 이 지도의 진가를 의뢰하면서 이 지도가 전세계에 소개되었다고 한다. 해방 후 양의현람도는 황병인의 호의로 김양선 박사가 설립한 기독교박물관에 기증하게 되었다. 매산 김양선은 당시 조선신궁(朝鮮神宮) 터였던 남산에 한국기독교박물관을 건립했다. 그러나 한국전쟁이 발발하면서 김양선 박사는 부득불 피난의 와중에 이 지도를 박물관 앞뜰에 파묻고 피난길에 오를 수 있었다. 이후 서울이 수복되어 돌아와 보니 대부분의 소장품은 소실되었지만, 땅속에 파묻혀 있던 양의현람도만은 그대로 보존할 수 있었다는 것이다. 이것이 지금의 숭실대기독교박물관이 소장하고 있는 세계에서 가장 온전한 양의현람도의 모습이지 않을까 생각한다. 바로 매산 김양선은 이 일에 대해 다음과 같이 말하고 있다.

> "이 일을 위해 나는 세상에 태어난 것입니다. 여기에 전시된 모든 것은 내 것이 아니라 우리 민족 전체의 것입니다. 단지 하나님께서 저로 하여금 이 일을 하도록 하신 것 뿐이지요"

양의현람도는 8폭으로서 세로 길이 199cm, 가로 길이 444cm로 이 지도의 네 모서리에는 지구도와 이중천도(二重天圖), 십일중천도(十一重天圖) 등 천문도가 그려져 있다. 곤여만국전도에서는 구중천도(九重天圖)가 있었는데, 양의현람도에서는 이것이 십일중천도(十一重天圖)로 바뀐 것이다. 그리고 이 십일중천도 가장 꼭때기 층의 천은 천주상제천(天主上帝天)이라 칭했다. 바로 천주교의 상제, 하나님이 거하시는 천을 의미했다. 곤여만국전도는 황제에게 헌사할 목적으로 제작하는 과정에서 주로 중국의 대표적인 사상인 유교를 의식하고 제작했다면, 양의현람도는 여러 사대부들의 요청에 의해 좀더 유연한 상황에서 기독교전파를 목적으로 두고자 한 의도가 숨겨져 있다고 볼 수 있다. 이 때문에 양의현람도의 마테오 리치 서문에서 "오늘 이렇게 판각한 지도는 어찌 조물주의 공을 넓히어 이 세상으로 하여금 본원의 시작을 알게 하지 않겠는가?"라고 했다. 천주교의 색체가 다분히 농후하게 들어가 있는 제작자의 의도를 볼 수 있다. 뿐만 아니라 중국의 도교에 해당하는 현상의 학을 의도적으로 수용, 결합시키고자 하는 면도 살펴볼 수 있다. 그리고 양의현람도는 경위선 좌표를 등거리표시에 의한 투영법으로 그려졌음을 볼 수 있다.

마테오 리치의 곤여만국전도와 양의현람도는 마테오 리치 지도제작에서 중요한 의미를 지니는 지도로 당시 중국사회에 큰 파급력을 주는 것이었다. 특히 화이(華夷)적 구분을 통해 전통적으로 중국을 천하의 중심으로 생각해왔던 세계관에 중국 외에도 무수한 천하 만국이 존재하는 만국사상을 전달해준 요소는

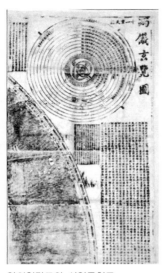

양의현람도의 십일중천도

당대 중국사회에 파장을 일으킬만한 부분이었다. 또한 이 지도제작은 대부분 먼 지구 반대편에서 배를 타고 온 경험에 의해 지구가 둥글다는 인식을 이미 경험적으로 증명한 선교사들이 중국 전통의 천원지방적 세계관에 도전을 주는 요소였다. 이에 대해서는 아래에서 좀더 구체적으로 다뤄보도록 하겠다.

다음으로 우리가 알아봐야 할 것으론 『직방외기』(職方外紀)를 들 수 있다. 이것은 줄리오 알레니(Giulio Aleni, 1582~1649)의 1623년 저작으로, 본래 이 저서는 만력 신종(神宗)의 명령으로 판토하(1571~1618)와 우르시스(1575~1620)가 마테오리치의 『만국도지』(萬國圖誌)에 설명을 붙이는 작업을 진행하다가 이 일을 완성하지 못하고 세상을 떠나게 된다. 이들의 뒤를 이어 이탈리아 출신의 예수회 선교사 알레니가 이들의 작업에 기초해 자신의 의견을 덧붙여 이 책을 완성하게 된다. 『직방외기』는 지도안에 나오는 지리를 설명하는 책이다. 여기서 '직방'은 천하의 지도를 맡아 보며 사방으로부터 들어오는 공물을 관장하였던 관청을 의미했다. 중국중심의 조공관계가 형성된 세계관을 반영하는 직방세계를 말하는 것이다. 그런데 이 직방세계에서 벗어난 즉 관할에서 벗어난 나라들에 대한 기록이란 뜻으로 당시 중화 세계 질서에 속하지 않은 나라들, 멀리 떨어져 중국과 오랫동안 왕래가 없는 나라들에 관한 지리서가 곧 『직방외기』이다. 물론 이 지리서에는 "만국전도"(萬國全圖)라는 세계지도도 포함하고 있다.

이 『직방외기』에 담겨져 있는 생각을 같이 나눠보고자 한다. 양정균은 "직방외기서"에서 "서양 사람들은 천고에 유달리 하나 의 학설을 만들었다. 그들은 하늘과 땅은 모두 끝이 있다고 하지 만 실제로는 끝이 없다. 그 모양은 여러 겹으로 된 커다란 둥근 물체이므로, 시작도 없고 끝도 없으며 가운데도 없고 가장자리 도 없다. 가장 가볍고 맑은 것은 하늘이 되었는데, 그것은 천체 의 여러 겹 가운데서 땅에서부터 먼 바깥으로 나가게 되었다. 가장 무겁고 흐린 것은 땅이 되었는데, 중심이 정확히 하늘의 한가운데 놓여 있다. 그것이 무겁고 탁하기 때문에 본디 형체와 바탕이 있는 것들은 모두 땅에 붙게 되었다."고 했다. 이점은 중국의 지식인들이 이 책을 통해 어떻게 서양의 과학을 수용하 는지를 보여주는 것으로, 혼천설에 기초한 서양 사람들이 소개 하는 지구설을 수용하는 면을 보여주고 있다.

알레니는 이 책이 직접적으로 중국지식인들의 좁은 시야를 벗어나 좀더 새로운 세계로 나아갈 수 있는 발판이 되길 희망했다. 그의 "직방외기자서"에서 "조물주가 우리 인류를 세상에 살게 한 것은 그들을 넓은 뜰로 나가게 하여 풍성한 잔치를 즐기게 하고, 또 노래하고 춤추는 기쁨을 맛보게 한 것과 같다"고 했으며 이런 넓은 세상으로 나아가면 "마침내 거슬러서 근원을 깊이 연구해 보고, 본체에서 갈라져 나간 끝에서부터 바탕이 되는 것을 찾아서 천지간의 온갖 것을 창조하신 한 분 위대한 주재자를 생각하여 흔들리지 않고 밝게 그를 섬겨야 할 것이다."고 했다. 바로 세상의 넓음을 알아가는 것이 이 세상을 창조하신 주재자 하나님을 알아가는 과정을 말하고 있는 것이다.

### 베르비스트와 『곤여전도(坤輿全圖)』

베르비스트(P.Ferdinandus Verbiest, 1623~1688)는 벨기에 사람으로 중국에 와서 활동한 예수회 선교사이다. 그의 중국이름은 남회인(南懷仁)이다. 그는 주로 예수회 선교회의 중국부의 부회장직을 맡고 있었으며, 그가 중국에 와서 활동할 당시 강희황제에게 발탁되어 그의 스승이 되기도 했다. 이후 천문대라고 할 수 있는 흠천감(欽天監)의 감정(監正)을 맡으며, 선교사신분으로 중국에 와서 중국의 녹을 먹으며 청정부의 기관에서 평생을 일했던 사람이다. 이후 그런 그의 공로에 힘입어 청조정으로부터 시호(謚號)를 하사받기도 했다. 근민(勤敏)이 그의 시호였다. 그가 흠천감에 일하면서 당시 강희재임기간인 1674년에 황제의 명령으로 세계지도를 제작하게 되는데, 이것이 곤여전도이다. 곤여전도는 목판본으로 제작되었으며 인쇄 후 그 위에 채색을 해 사용했다. 그의 『곤여도설』은 이 곤여전도에 대한 해설서인데, 이후 백 여년 후에 출판된 중국문헌의 집대성인 『사고전서』에 수록되기도 했다. 서방과학에 대한 지식이 이미 중국사회와 문화에 어느 정도 인정을 받고 수용되는 과정을 엿볼 수 있다. 곤여전도는 8폭의 병풍형으로 제작되었는데, 그 높이가 171cm이고 8폭의 매 폭의 가로가 51cm에 이른다. 이 지도는 양반구 형식으로 제작되었는데, 주로 동서 양반구로 구분했다. 그리고 이 양반구의 위아래 연결 부분에는 기행, 풍, 우운 그리고 해수의 움직임, 바다의 조석, 조석의 까닭에 대한 물음(氣行, 風, 雨雲, 海水之動, 海之潮汐, 或問潮汐之爲)을 나타내는 글을 싣고 있고, 좌편에는 지진, 산악, 강하, 인물 등 주로 지리학에 관한 지식을 수록하고 있으며, 우편에는 사원행의 순서와 그 운행, 남북양극이 천의 중심에서 벗어나 있지 않음, 지원설, 지체의 원 등(四元行之序並其行, 南北兩極不離天之中心, 地圓, 地體之圓) 주로 천문학에 관련된 지식을 수록하고 있다. 이 지도에서는 지구가 우주의 중심에 위치하고 지구체는 원형임을 설명하고 있다. 특히 지도안에서 오대주와 4대양설을 제기하고 있는데, 태평양, 대서양, 소서양, 북빙양이 그것이다. 여기서 말하는 소서양은 인도양을 말한다. 이 지도의 특징은 지리수역에 의한 명명의 공헌이 있다고 볼

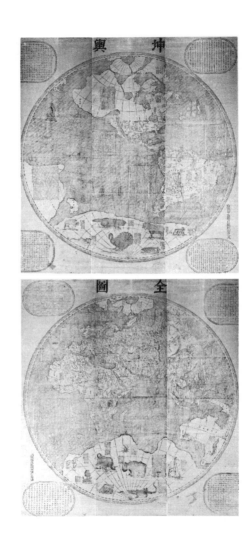

수 있으며, 주로 고산과 하류에 대한 상세한 소개가 특징이며 또한 측량해 제도 하는 기술과 경위도법을 사용하는 것이 특징 이다.

중국을 중심에 위치시켰는데 기존의 마테오 리치와 다르게 본초자오선마저도 중국 순천부(順天府)에 둠으로 중국적 날짜변 동에 대한 기준을 세워나가고 있다. 여기서 말하는 순천부는 지금의 북경일대를 말한다. 특히 이 곤여전도는 마테오 리치의 지도와 다르게 제작자의 전언이나 중국학자들의 서문이 없다. 국가 주도로 제작된 지도이다보니 이런 전언과 서문이 큰 작용을 일으키지 못한 것 같다. 이것은 마테오 리치의 지도가 이런 전언 과 중국학자들의 서문을 통해 당시 활발한 동서문화교류의 모습 을 보여주었다고 하면, 이 곤여전도는 전대의 지도와 달리 교류 가 관방 즉 정부주도로 흐르면서 민간의 자발적 참여를 막는 모습으로 비춰졌다. 그리고 이 지도는 해안선, 장강, 황하, 사막, 산악 등 리치의 지도에 비해 더욱 실제상황에 부합한 면을 지녔 으며 또한 마테오 리치 지도의 구중천도가 없음을 알 수 있다. 그리고 지도 투영법에서도 마테오 리치는 원추형 등적 투영을 사용했다면 베르비스트는 평사도법(stereographic projection)을 사 용해 동반구, 서반구로 투영된 양반구를 묘사하는 지도, 그리고 인도양과 호주(澳大利亞)가 표시된 모습을 볼 수 있다.

### 세계지도를 통해 본 종교와 과학의 갈등

위에서 소개한 마테오 리치의 곤여만국전도와 양의현람도 그리고 알레니의 『직방외기』 등을 통해 중국인들은 새로운 놀라움에 휩싸여 있었다. 전통적인 중국 사고와 다른 모습이었기 때문이다. 처음에는 이런 낯선 것에 대해 호기심과 놀라움으로 바라다보았다. 그러다 점차 시간이 지나면서 이런 호기심과 놀라움 속에서 자신의 것과 서양인들이 전하는 것이 무엇이 다른지 찾아 나가기 시작했다. 아마도 세계지도를 통해서 중국인들은 세계가 둥글다는 것을 배웠다. 서양인들의 경험적 모습 속에서 이에 대한 인식을 변화시키는 중이었다. 그러나 이렇게 둥근 구 또는 원으로 생긴 지구의 표면에 그렇다면 중국인과 반대에 있는 사람들은 어떻게 거꾸로 서 있을 것인가에 대해 의문을 품기 시작했다. 이에 우리는 여기서 이런 세계지도를 통한 당시 동양인들의 논쟁을 살펴보면서 종교와 과학의 갈등을 고찰하고자 한다.

우리는 이런 동, 서양의 종교와 과학의 갈등을 다루기에 앞서 먼저 서양사회, 특히 중세사회 기독교 영향력으로 인해 주도된 세계지도에 대해 먼저 살펴보고자 한다. 대표적으로 TO 지도이다. 이 지도는 중세기 유럽에서 사용되던 지도인데, 주로 중세기 유럽인들의 세계관을 나타내고 있다. 그들은 세상이 둥글고, 그 주위에 바다가 있고 둥근 땅에 T자 형으로 바다가 있고,

중앙에는 영원의 도시, 예루살렘이 있다고 보고 있다. TO지도에서는 동쪽이 위로 오며 이에 따라 가장 큰 구획인 아시아가 위쪽, 왼쪽 아래가 유럽 그리고 오른쪽 아래가 아프리카이다. 아시아가 가장 크게 그려지는 이유는, 7세기 주교이자 학자였던 세

초기의 TO 지도(1472)

이야의 이시도르에 따르면, 성 아우구스티누스가 아시아가 "가장 축복받았다"라고 말했는데, 여기서 비롯되어 아시아가 강조되었다고 한다. T자의 수직선은 지중해를 나타내며 아프리카와 유럽을 나눈다. T자 가로선의 오른쪽 부분은 홍해 혹은 나일 강을 나타내며 아프리카와 아시아를 나눈다. 가로선의 왼쪽은 흑해, 아조프 해, 돈 강을 나타내며, 아시아와 유럽을 나눈다. 어떤 이론에 따르면 T자는 타우 십자가를 상징하는데, 구약 성서와 초기 그리스도교 시기에 두드러진 특징이었다. O자는 원형의 해양부를 나타내는 전통을 그대로 따른 것이다. 그리고 이렇게 구획된 세 구역은 노아의 세 아들을 상징적으로 나타내고 있기도 하다. 즉 아시아는 셈(Sem), 유럽은 야벳(Iafeth) 그리고 아프리카는 함(Cham)으로 나타내고 있다.

이런 중세의 유럽사회, 기독교 전통의 영향을 받아 강한 종교

적 색체를 드러내는 세계지도는 **마파 문디**(Mappa mundi, 라틴어로 마파는 천(cloth)을, 문디는 세상을 의미한다)에서도 드러난다. 마파문디는 중세의 세계지도 중 하나인데, 아마도 가장 잘 알려진 중세 지도일 것인데, 현재 600장 이상 남아있다고 한다. 대부분이 책 속에 수록된 형태로 크기가 작지만, 어떤 지도들은 몹시 큰데, 대중들에게 전시할 목적으로 만들어졌을 것으로 본다. 지도 제작의 목적은 다양했다고 한다. 세속적 통치자들은 지도가 그들의 권력, 특권, 지적 능력에 대한 시각적 증명서가 될 수 있다고 보았다. 반면에 성직자들은 신앙을 가르치는 데 도움을 주는 교구 정도로 생각한 것 같다. 세계 지도가 단독으로 존재하도록 의도된 경우 역시 없었다고 한다. 대부분의 중세 지도가 글에 삽입되는 형태로 제작되었기 때문에, 마파 문디에는 상세한 주석과 해설이 붙어 있었음을 알 수 있다. 현존하는 마파 문디 가운데 가장 크다고 할 수 있는 세계지도는 **헤리퍼드 마파 문디**(Hereford Mappa Mundi)이다. 헤리퍼드 성당에 걸려 있는 이 지도는 높이 1.65m가 넘으며 폭이 거의 1.35m에 달하는 지도로 양피지에 그려진 지도이다. 주로 제단화의 배경을 꾸미기 위해 만들어졌다는 주장도 있으며 또는 그리스도교 신앙 교육을 돕기 위해 만들어졌다는 주장도 있다. 정확히 지도에 해당하는 부분은 직경 1.35m의 원 속에 들어 있다. 주석에 따르면 지도에 나타난 정보는 성 아우구스티누스의 제자 오로시우

스의 작업을 기반으로 했다고 한다. 즉 오로시우스가 5세기경 저술한 『오르메스타』의 내용 중 세상에 대해 기술한 부분을 참고했다는 것이다. 지금까지 알려진 바에 따르면, 이 지도는 1300년경 헤리퍼드에서 만들어졌는데 제작 목적은 1283년 사망 때까지 그 지역의 주교였던 토마스 칸틸루프의 시성 요구에 박차를 가하고, 그의 후임자인 스윈필드 주교의 경력을 널리 알리려는 것이었다. 이 지도는 슬리포드의 수록 성직자였던 리차드 더 벨로가 헤리처드 주교 사망 몇 해 전인 1278년에 링컨에서 제작한 지도의 복제본으로 보이며, 더 이른 시기의 지도에 대한 흔적은 찾아볼 수 없다. 리차드는 지도 제작 혹은 지도

제작을 지휘하기 위해 요크셔의 성직자 하우덴의 로저가 쓴 『마파 문디 주해서』를 참고한 것으로 보인다. 지도의 맨 위에 이 세상을 다시 심판하실 재림 그리스도가 위치하고 있다.

세계지도를 통해 발생한 종교와 과학의 갈등에는 우선 지구설과 지방설의 대립을 살펴볼 수 있다. 서방선교사들은 지구가 둥글다는 지구설을 주장했다. 마테오 리치의 『천지혼의설』 "지구도설"에서 설명하길, "땅과 바다는 본래 둥근 모양으로서 합하여 하나의 구(球)를 이루어 천구(天球)의 가운데 위치한다. 참으로 계란의 노른자가 흰자 안에 있는 것과 같다. 땅이 모나다는 말은 그 덕이 고요하여 움직이지 않는 본성을 말하는 것이지 그 형체를 말하는 것이 아니다. 하늘이 땅을 감싸고 있으므로, 그 둘은 상응한다. 그러므로 하늘에 남북의 두 극이 있듯 땅도 그것을 가지고 있으며, 하늘이 360도로 나뉘듯 땅도 그와 같다."

이 글에서 마테오 리치는 지구가 둥근 것으로 천구, 하늘 가운데 위치한다고 보았다. 이것은 마치 계란의 노른자가 흰자 안에 감싸여 있는 것, 즉 혼천설 입장에서 하늘과 땅, 우주를 설명하고 있다. 중국은 전통적으로 천원지방(天圓地方)적 천문관을 견지했다. 이 천원지방은 전국시대 후기의 작품에 해당하는 『주비산경(周髀算經)』에서 나온 말로, "천상개립(天象蓋笠), 지법복반(地法覆槃)" 즉 하늘은 삿갓과 같고 땅은 엎어놓은 쟁반을 모방했다는 것에 유래한 것이다. 아마도 이런 천원지방적 사고는 동양

문화권 안에 하늘과 땅에 대한 원형적 사고를 반영하고 있는데, 인간이 오랜 세월을 살아오면서 삶으로 체득한 인간 내면 깊숙한 곳에 내재되어 있는 원초적인 사고를 말하는 것이다. 즉 하늘은 원형, 땅은 사각형으로 이해하는 모습을 천원지방적 사고 안에 담고 있는 것이다.

마테오 리치는 이런 중국전통적 사고구조를 강하게 반대할 수 없었다. 강한 반대로 인해 생기는 충돌은 도리어 선교목적을 가지고 온 사람으로서 원치 않는 길이었다. 이에 이 천원지방을 다른 방식으로 이해하고자 했다. 이런 다른 방식의 이해는 중국사회에서 종종 제기된 것으로 예를 들어 『대대예기(大戴禮記)』의 「증자천원(曾子天圓)」에서 증삼(曾三, B.C. 506~436)은 그 제자 단거리(單居離)와 대화하면서, "하늘이 땅의 네 모서리를 가릴 수 없다"는 주장을 통해 천원지방을 비판하고 있었는데, 여기서 천원지방은 형태가 아니라 도를 표현하는 명제로 이해해야 한다고 보았다. 즉 원(圓)은 기를 내뿜는 하늘의 밝음을 나타내고, 방(方)은 기를 머금은 땅의 어두움을 나타낸다고 보았다. 그 외에도 후한(東漢)말 수학자로 『주비산경』을 연구한 조군경(趙君卿)이 "물(物)에는 원형과 방형이 있고 수에는 홀, 짝수가 있다. 하늘의 움직임은 원을 이루어 그 수는 홀수이며, 땅의 고요함은 방을 이루어 그 수는 짝수이다. 이는 음양의 뜻과 부합한다"(『周髀算經』 卷上, 趙君卿註)고 했다. 여기선 주로 음양사상적 기초에 의해 천원지방을 이해하고자 한 모습이다. 이런 모습에 비추어, 마테오 리치도 천원지방에 대해 그 형체에 대한 이해로 받아들이지 않고 특성으로 이해했다. 즉 천원지방은 그 형체를 말하는 것이 아니라 고정되어 변하지 않는 특성을 말한다(乃語其定而不移之性, 非語其形體也)는 방향으로 나아간 것이다. 위에서 말한 것처럼, 도를 표현하는 명제로 이해한 것이다. 땅이 모나다는 말은 그 덕이 고요하여 움직이지 않는 본성을 말하는 것이지 그 형체를 말하는 것이 아니다라고 본 것이다. 이런 천원지방에 대한 유연한 해석에 기초해, 마테오 리치는 지구가 둥글다는 주장을 하게 된다.

둥근 지구에서 9만리나 되는 먼 서양에서 바다를 건너 이곳 중국까지 오게 된 마테오 리치의 경험에서 지구가 둥글다는 주장을 하고 있다. 아직까지 자신의 세계 밖으로 나아가 보지 않은 중국인에겐 믿지 못할 현실이었다. 그리고 이런 경험에 기초한 주장이 중국인에겐 또다른 의혹을 불러 일으켰다. 바로 대척지에 대한 문제였다. 대척지(對蹠地, antipodes)는 지구설을 이해하는 데 하나의 장애물로 작용했다. 나와 정반대의 땅 아래에 사람이 어떻게 거꾸로 서 있을 수 있는가에 대한 의문이었다. 이에 대해 『천지혼의설』에서 다음과 같이 말했다. "또 내가 태서로부터 바다를 항해하여 중국에 들어오는 길에 남쪽으로 대랑봉(아프리카 남단 희망봉의 옛이름)에 이르러 남극고도가 36도인 것을 보았는데, 대랑봉은 중국과 서로 위아래로 대치하고 있는 지역이다. 그때에 나는 하늘을 위로 우러러보았을 뿐 그것이 아래에 있는 것을 보지는 못했다. 그러므로 땅의 형체가 둥글고 주위에 모두 사람이 산다는 말은 믿을 만하다." 이 주장 속에는 지구 반대편에서 건너온 사람으로 거꾸로 서서 하늘을 본 것이 아니라 발을 땅에 딛고 똑바로 서서 하늘을 보았다는 이야기를 하고 있다. 거꾸로만 서있을 것이라고 생각한 것의 문제를 지적했다.

이런 대척지 논쟁에서 빚어진 지구 반대편의 사람들이 나와는 다르게 거꾸로 서 있을 것이라고 생각한 그 문화적 배경에는 바로 내가 있는 곳이 위이고 반대편이 아래라고 생각한 것에서 비롯되었다. 마테오 리치는 이에 대해 상하가 없다는 주장을 통해, 내가 지금 말하고 있는 상이나 하는 대부분 상대적인 기준에 의한 것이라고 보았다. "무릇 땅은 상하 사방이 모두 사람이 사는 곳이며 크게 하나의 구를 이루니, 본래 상하가 없다. 무릇 하늘의 안에서 우러러보아 하늘이 아닌 곳이 어디인가, 육합의 안을 통틀어 발이 딛고 있는 곳이 아래이며 머리가 향하는 곳이 위이니, 오로지 자신이 사는 곳을 기준으로만 상하를 나누는 것은 옳지 않다."(마테오 리치, 『천지혼의설』) 아마도 이 "무상하(無上下)"를 주장하는 이면에는 지금까지 중국전통의 기초위에 신분사회의 상하를 구분하는 독특한 방식에 대한 반론을 제기하는 모습일 수도 있다. 다시 말해, 중국은 상하관념을 통해 신분의 위 아래를 구분해온 사회였다. 특히나 자연질서를 인간 사회에서도 어떤 면에서는 그대로 재현해야 할 의무를 지닌 중국사회에서 신분질서를 지키기 위해 상하개념은 분명해야할 필요가 있었다. 마테오 리치의 무상하에 대한 주장은 이에 어떤 면에서는 이런 중국사회의 모습에 대한 문제 제기로도 읽힌다.

마테오 리치의 세계지도가 가져온 충격은 크다고 볼 수 있다. 지구설은 전통적인 지방설과 대조되고, 대척지 문제를 통해 반대편의 사람들이 거꾸로 서 있을 것이라는 생각 그리고 이런 대척지 논쟁과 더불어 상하를 자신의 기준으로만 보려고 한 중국적 사고에 대해 비판적 자세를 가하면서 무상하를 논한 이런 일련의 문제들은 중국 지식인에게 충격이라고 할 수 있다. 지도라고 하는 과학적 사고가 가져온 전통적 사고의 혼란으로도 볼 수 있다. 이렇게 마테오 리치를 비롯해서 전개된 논쟁을 통해, 그럼 중국 지식인들은 이 문제를 어떻게 이해하려고 했는지 살펴볼 필요가 있다.

먼저, 지구설에 대해 왕부지(王夫之)는 세계의 불규칙성과 인간 인식의 불확실성에 기초해 지구설 주장의 문제를 제기했다. "이제 지극히 둥근 산이 여기에 있다고 하자. 그 (둘레)를 6, 7분의 1만 돌면 그것이 비스듬히 이어져 둥근 모양임을 알 수 있을 것이다. (그러나 북쪽의) 사막으로부터 (남쪽의) 교지(交阯)에 이르기까지, (동쪽의) 요좌(遼左)로부터 (서쪽의) 총령(蔥嶺)에 이르기까지 어찌 9만리의 6, 7분의 1이 아니겠는가? (그런데도) 혹은 평평하고 혹은 비탈지며, 혹은 우묵하고 혹은 불룩하니 그 둥글음이 어디에 있다는 것인가? 그리고 오랜 가뭄을 당한 때에 해가 진 뒤에는 매번 붉은 빛 사이로 푸른 기운 여러 살이 서쪽으로부터 하늘 가운데에 걸쳐 있는데, 이는 서쪽 끝의 지역에 산이 혹은 높고 혹은 낮으며, 땅이 혹은 돌출하고 혹은 패여 있기 때문에 그렇게 된 것이니, 땅이 기울고 고르지 않으며 높거나 낮으며 광활하여 일정한 형태가 없음을 알 수 있다"(王夫之, 『思問錄』外篇) 땅이 가지런하지 않고 일정한 모양이 없음을 보면서 세계가 불규칙하게 보이는데 이런 모습에 의하면 지구는 둥굴 수 없다는 것이다. 기하학적 모양이 아닌 불규칙한 모양으로 보면 둥글음을 파악할 수 없다는 것이다. 그리고 또 말하길, "(그러므로) 어찌 눈으로 보는 바의 1도를 (실재의) 1도라고 간주할 수 있으며, 아래쪽 땅의 250리를 위쪽 하늘의 1도라고 볼 수 있을 것인가! 하물며 그 250리의 도정이 높낮이가 일정하지 않고 오르내림에 따라 보는 바가 달라지니, 준거할 만하다 할 수 있는가!"(王夫之, 『思問錄』外篇) 인간 경험의 한계가 지닌 불확실성으로도 지구가 둥글다는 주장은 좀처럼 쉽게 이해하기 어렵다는 말이다.

그는 또한 마테오 리치가 중국의 혼천설을 오해해 지구설을 주장했다고 보았다. 즉 가볍고 맑은 하늘이 무겁고 탁한 땅을 감싸며 지탱하고 있는 것일 뿐인데, 이것을 하늘과 땅의 모양으로 오해해 지구가 둥글다고 주장한 것이다. 왕부지가 이런 주장을 펼치는 근거는 바로 주희의 "지재수상(地載水上)"에 기초한 것이었다. "땅은 땅의 아래와 네 주변에는 모두 바닷물이 흐르고 있다. 땅은 물위에 떠 있으며 (물은) 하늘과 접하고 있다. 하늘이 물과 땅을 두르고 있다."

중국 전통의 혼천설은 후한(後漢)시대의 장형(張衡, 78~139)의 『혼천의주(渾天儀註)』에서 비롯된 사상으로, "하늘과 땅은 모양이 새알과 같아 하늘이 땅의 바깥을 싸서 마치 알 껍질이 노른자위를 싸고 있는 것과 같으며 이것이 돌아서 끝이 없고 그 형체가 둥글어 혼천이라고 한다." 하늘과 땅을 마치 새알 즉 계란으로 비유한 것이다. 이런 하늘과 땅은, "하늘은 계란껍데기와 같고 땅은 계란 속의 노른자위와 같아 따로 하늘 속에 있는데 하늘은 크고 땅은 작다. 하늘의 바깥과 안에는 물이 있으며 하늘과 땅은 각각 기(氣)를 타고 바로 세워지며 물에 실려 운행한다." 이런 혼천설에 기초해, 주희는 땅 아래에도 물이고 땅위 하늘도 물로 이루어진 기로 본 것이다. 즉 땅의 아래와 네 주변에는 모두 바닷물이 흐르고 있다. 땅은 물위에 떠 있으며 (물은) 하늘과 접하고 있다. 하늘이 물과 땅을 두르고 있다. 장형의 혼천설에서는 하늘을 딱딱한 고체에 해당하는 계란껍데기로 이해했는데, 주희에게서는 이것이 이런 고체가 아니라 무형의 기(氣)로 이해했다. 이런 미분화된 무형의 기의 상태로 이루어진 것이 곧 우주로 그 기가 급속하게 회전하면서 찌꺼기는 가운데 응결하여 땅이 되고 맑은 것은 하늘과 천체가 된다. "하늘의 운행은 쉼이 없어 밤낮으로 계속 회전하므로 땅은 중앙에 위치하게 된다. 만약 하늘이 잠시라도 정지한다면 땅은 반드시 아래로 떨어질 것이다. 하늘의 회전이 빠르기 때문에 많은 찌꺼기가 가운데로 응결하게 된다. 땅은 기의 찌꺼기다."(『朱子語類』 卷1)이 혼천설 주장에는 지구가 물이라는 기에 의해 지탱하고 있는 것으로 그 형체가 둥근지 네모난지 그 어떤 형체에 대해서도 언급하고 있지 않다. 이런 면에서 마테오 리치가 주장하는 지원설, 지구설은 이런 전통적 혼천설에 대한 오해에서 비롯된 것이 아니냐는 주장이다.

또한 당시 서학에 대해 비판적 관점을 견지한 양광선도 그의 『부득이(不得已)』에서 혼천설에 기초해 서방선교사들이 주장하는 지구설을 반대했다. "(아담샬은) 하늘이란 일기(一氣)가 마치 두 밥그릇을 합한 것과 같이 이루어져 있음을 모른다. (그 안의) 위쪽은 허공이며 아래쪽은 물이 채워져 있어, 물 가운데에 땅덩이가 놓여 있다. (땅덩이 중에서) 평평한 곳은 대지가 되고, 높은 곳은 산악이 되며, 낮은 곳은 뭇 하천이 된다. 땅을 싣고 있는 물은 곧 동서남북의 네 대해(大海)이다. 하늘이 물 바깥을 두르고 땅은 물 가운데에 떠 있다." 즉 가볍고 맑은 것은 위로 떠 있어서 하늘이 되며 떠 있으면 움직여 멈추지 않는다. 무겁고 혼탁한 것은 아래로 모여 땅이 되며 모여 사각지니 멈추어 움직이지 않는다. 이 두기 즉 맑고 탁하며 둥글고 사각지며 움직이며 멈추는 바른 모습에 어찌 모난 것이 움직여 원이 될 수 있는가라고 묻고 있다. 이 주장속에는 모난 땅이 둥근 형태를 가지면 기에 의해 격동되어 회전하는 부조리를 불러 일으키기 때문에 지구설은 맞지 않은 주장이라고 보았다.

선교사들이 바다와 강물이 사물의 하나로서 물인데, 이것이 둥근 땅 위를 두르고 있다고 보았다. 지구설 주장 속에 담겨 있는 물과 땅에 대한 구분이다. 그러나 이런 서방 선교사들의 주장은 중국전통의 입장에서 쉽게 수용되기 어려웠다. 대표적으로 주희의 지재수상, 즉 땅이 물위에 떠 있다는 주장은 대조적이라고 할 수 있다. 특히 지구설 주장 속에 담긴 물을 하나의 사물로 보는 관점에 대해 반대의 입장을 피력하면서 더더욱 지구설에 대해 반대했다. 중국전통적 입장에서 물은 우주적 본성을 담은 것으로 이해되었다.

이런 관점의 기초가 되는 주장은 바로 맹자의 "인성의 선함은 물이 아래로 흐르는 것과 같다. 사람에게 불선함이 없는 것은 물이 아래로 흐르지 않는 것이 없는 것과 같다."에서 유래했는데, 물은 단순한 사물이 아니라 도덕을 담지한 명백한 우주적 본성을 지닌 것으로 이해했다. 이런 물의 인성에 대한 유비를 넘어 상하 판별의 기준으로 활용되어 물이 위에서 아래로 흐르는 것처럼 땅 아래에 물이 있고 땅은 물 위에 떠 있다는 주장을 한 것이다. 양광선도 이에 "무릇 물이란 천하에서 지극히 평평한 사물로서, 평평하지 않으면 흐르고 평평하면 멈추며 차면 넘치는 것이다"고 했다.

이 주장에서 보면, 물이 아래로 내려가려면 땅이 상하구분이 있어야 한다. 즉 천지에 상하가 없으면 물이 아래로 내려가지 못한다는 것이다. 서방에서 말하는 지구설은 땅을 물의 아래에 놓아 이런 상식에서 어긋난 모습을 보였기에 수용되기 어렵다고 판단한 것이다. 이렇게 중국전통에서 천지에 상하를 구분해 물이 위에서 아래로 내려가는 도덕적, 우주적 특성을 강조한 면은 이런 자연과학적 이해 이면에 연결되어 있는 전통사회의 신분질서와 밀접한 관계가 있다고 볼 수 있다. 바로 중국전통사회는 자연과학적 이해가 바탕이 된 질서의 구현으로 자연의 상하가 있듯 인간사회에도 상하가 있어야 한다고 보았다. 즉 전통사회의 상하는 정치적, 이념적 의미를 함축하고 있었다. 전통사회의 신분위계질서와 밀접한 관련을 맺고 있었다. 이에 조선의 학자 이간은 서방선교사들이 주장하는 "무상하"는 "세상을 뒤바꿀 미혹"이라고 비판했다.

끝으로 세계지도에 대한 소개로 일어난 논쟁 가운데 대척지에 대해 살펴보도록 하겠다. 지구가 둥글다고 했을 때 지구 반대편에 있는 사람은 지금 우리와 어떤 면에서는 반대로 보이는 사람이다. 바로 내가 위를 향해 하늘을 바라본다면 반대편의 사람은 아래로 하늘을 바라봐야 한다는 것이다. 이런 의문들에 대해 논쟁이 펼쳐졌는데, 양광선은 당시 예수회 선교사인 아담샬에게 대척지에 대해 실험을 제안했다. 즉 "내가 다락 위에 서 있을 테니 당신이 아래층 천장에 나와 발을 맞대고 거꾸로 서 있을 수 있는가?"이다. 또 비슷한 실험을 제안했는데, 물이 가득 담긴 사발을 기울여도 물이 쏟아지지 않음을 보일 수 있는가? 오늘날 지구에 대한 과학적 이해를 가진 입장에서 보면, 이런 질문자체가 허무맹랑한 것으로 보일 수 있다. 그러나 400 여 년 전의 동양 사람들에게는 아직도 지구의 둥굶을 이해하기 어려운 것이었다. 이에 땅의 아래에 사람이 어떻게 거꾸로 서 있을 수 있는가?에 대해 끊임없는 질문이 나올 수 밖에 없었다.

이런 무수한 질문 속에 서방선교사들은 당시 과학적 용어로는 설명하기 어렵지만, 본인들이 경험한 지구의 둥굶을 주장했다. 그리고 경험적 실재 속에서 지구 반대편에서 온 자신들이 하늘을 아래로 내려본 것이 아니라 지금의 중국에서와 같이 위로 하늘을 바라보았으며, 반대편의 사람들은 거꾸로 서 있는 것이 아니라 발을 땅에 딛고 똑바로 서 있었다고 주장했다. 우리가 여기서 살펴볼 수 있는 것은 서방선교사들에게 과학은 어떻게 보면 경험적으로 체득한 것이라고 할 수 있다. 네모질 것이라고 생각한 땅에 낭떨어지가 있어 다시는 돌아오질 세계로만 인식되었던 사고가 새로운 항로가 개척되고 세계 개척자들이 나오면서 돌아 돌아 다시 원래의 자리로 돌아오는 모습에 땅이 둥글다는 지구설에 힘이 실렸다. 이런 서방의 과학적 경험에 의한 지구설은 아직까지 전통적 사고가 지배적인 중국사회에 쉽게 수용되지 못한 것이다. 분명 이런 모습은 충돌을 가져올 수밖에 없다. 그러나 충돌은 또 다른 사고를 만들어 낸다고 본다. 충돌을 통해 서로를 이해하고 받아들일 수 있는 길을 만들어 가지 않나 생각한다. 대척지 논쟁에서 이런 충돌을 넘어서 좀더 이해의 발판을 만들려는 노력이 있었다. 바로 조선의 남극관(南克寬, 1689~1714)이 "계란과 개미"의 비유를 통해 이 대척지에 대해 이해의 길을 열어갔다. 즉 "계란 위에 개미는 계란 위 아래를 두루 돌아다닌다. 개미는 단지 계란의 표면을 따라 움직인다고 생각하지 뒤집혀 있다고 생각하지 않는다" 물론 지구 표면에 발붙이고 살아가는 인간을 개미에 비유했다는 이유로 반격의 빌미를 제공하기는 했지만, 어떤 면에서 대척지에 대한 좀더 경험적 실재를 찾고자 하는 모습임을 알 수 있다.

## 말을 맺으며

마테오 리치를 통해서 소개된 세계지도는 동양사람들에게 큰 충격을 가져왔다. 지구설과 대척지 그리고 무상하에 대한 논쟁은 동양과 서양의 논쟁이기도 하면서 동시에 서방 과학과 동양 전통의 논쟁이기도 했다. 이 전통구조 안에 종교와 사상적 시각이 중요한 자리메김을 하고 있다. 그러면 이 지도를 가져온 마테오 리치의 의도는 무엇이었을까? 그는 이 세계지도를 통해 유럽적 진리와 중국적 오류의 대립 구도 속에 유럽의 지리, 천문 그리고 기독교 진리 전파가 목적이었다고 볼 수 있다. 선교를 위해 선택한 과학이었고 이 과학으로 입증되는 것은 유럽사회가 기독교의 영향 하에 있으며 이런 유럽사회가 중국사회보다 더 우월하다는 입장을 견지한 것이다. 물론 이런 마테오 리치의 의도와는 다르게, 동양 지식인들은 마테오 리치가 소개한 세계지도를 통해 동양 사회를 서구화한 것이 아니었다. 도리어 동양 지식인 가운데 이런 서방지리지식을 전통적 지식 공간 안에 다양한 방식으로 자리메김 시키려는 토착화의 과정을 보여주고 있다. 예를 들어, 대표적으로 서학중원(西學中源)설이다. 바로 서방 지리지식의 원천은 중국에서 비롯되었다는 주장이다. 이런 서학중원설은 서양의 세계지리지식을 당시 중국전통사회의 비정통적 조류와 동일시하여 지식의 주변부에 위치시키려고 했다. 이런 입장은 중국전통사회에서 취한 하나의 입장으로 과학을 적극적으로 수용하기 보다는 전통을 더욱 확고하게 하려는 의도를 지녔다.

그럼 우리가 눈여겨 볼 수 있는 관점은 무엇일까? 바로 전통의 관점에서 과학적 사고를 찾아내는 것이다. 지구 반대편에 거꾸로 서 있으면서 사람이 떨어지지 않는 것은 마치 땅이 하늘의 중심에 거하여 아래로 떨어지지 않는 것과 같다는 사고와 연결시키려는 것이다. 바로 이런 사고의 기초가 되는 것이 주희의 『초사집주(楚辭集注)』에 나오는 "대기거지(大氣擧之)"이다. 즉 대기가 받치고 천지의 조화가 몰아가니, 누가 능히 그 소이연을 알겠는가? 바로 천기의 회전 때문에 땅이 하늘 가운데 안정할 수 있다는 주희 혼천설에 기초한 지심론을 말하는 것이다. 성호 이익(李瀷)도 이런 사고를 계승해 그의 『발직방외기(跋職方外紀)』에서 하늘 한 가운데 땅이 떨어지지 않고 안정되어 있다고 보았다. 즉 "하늘이 왼쪽으로 하루에 한바퀴 돈다. 하늘의 둘레는 그 크기가 얼마인가! 그런데도 12시간 안에 다시 돌아올 수 있다. 그 굳건함이 이와 같으므로, 하늘의 안에 있는 것은 그 세력이 중심을 향하여 바퀴살처럼 모이지 않음이 없다. 지금 둥근 그릇 안에 어떤 물체를 놓고 기름을 사용하여 회전시킨다면 그 물건은 반드시 떠밀려 흔들리다가 (그릇의) 정중앙에 도달한 뒤에야 정지할 것이다."(李瀷, 『발직방외기(跋職方外紀)』)

하늘의 운행 때문에 땅이 하늘의 중심에 거하여 아래로 떨어지지 않음을 말한 것이다. 이런 사고는 중력의 법칙인 지심론을 이해해 나가는 길이었다. 그러나 성호 이익의 관점은 지리적 중화관은 극복했지만, 문화적 중화관은 여전히 잔존하고 있었다. 즉 중국은 여전히 인류와 만물이 가장 먼저 생겨난 곳이며 성현이 나와 문화가 가장 발달한 곳이라고 보았다. 당시 역관이었던 이영후도 서방선교사 로드리게스에게 보내는 서한에서 만국전도에 관한 질문을 하며 이런 문화적 중화관을 주장하고 있다. "중국은 세계의 중주이기 때문에 자연의 기운과 청초하고 정숙한 기운이 여기에 집중되어 복희에서 공자에 이르기까지 성인이 배출되고 군신부자의 도리, 시서인의의 가르침, 예악, 법도, 의관, 문물의 번성을 만세에 전했고, 조선은 동이인데, 기자가 건너와 중국의 사상과 문물을 전했기 때문에 해외의 문명국이 되었다. 그런데 이 중주의 밖에도 그와 같은 인물, 그와 같은 교화, 그와 같은 제작이 있는가"(오상학, 『조선시대 세계지도와 세계인식』, 226에서 재인용)

끝으로 우리는 이런 문화적 중화관을 극복하는 실학자들의 과학관을 살펴보고자 한다. 홍대용(洪大容)이 대표적 인물이라고 할 수 있다. 그는 『담헌서(湛軒書)』에서 "화이일아(華夷一也)"(『湛軒書』內集3卷, 醫山問答)를 주장하며 문화적 중화관을 극복하고자 했다. 중화와 오랑캐가 하나이다. 홍대용은 이런 주장과 더불어, 지구의 자전설을 설명하고자 노력했다. 즉 회전하는 거대한 땅덩어리 주위에 함께 회전하는 기가 우주의 고요한 허기(虛氣)와 마찰하여 지구를 향해 모이는 소용돌이 세력이 만들어진다고 보았다. 바로 전통의 구조 안에서 과학적 사고를 발전시켜 나가는 모습을 볼 수 있다. 박지원은 홍대용의 묘지명에 이런 그의 업적을 기리면서 다음과 같이 적고 있다. "아, 슬프다. 덕보(德保, 홍대용의 자)는 툭 트이고 민첩하며 겸손하고 아담하며 식견이 원대하고 사물의 이해가 정밀하며 - 일찍이 지구가 한 번 돌면 하루가 된다고 해 그의 학설이 오묘하고 깊었다"(박지원의 묘지명)

세계지도를 통해 우리는 실학자들의 모습에까지 이르게 되었다. 그들이 취하고자 한 실용적 지식세계관 위에 과학과 전통이 좀 더 어떻게 공존할 수 있는지 살펴보고자 한 것이 우리의 방향이라고 할 수 있다. 실학자들에 대한 과학과 전통을 좀더 핵심적인 사항으로 다뤄야 했지만 여기선 세계지도를 통해 소개된 과학과 전통의 충돌 그리고 이를 해결하려고 노력하는 융합의 길에 대해서만 살펴보았다. 우리는 세계지도가 단순한 지도의 성격을 벗어나 동양과 서양이 서로 만나는 지점을 제공함으로 충돌과 융합의 과정을 그려나가는 공간이 되기도 했음을 이해할 필요가 있다. 이에 세계지도에 대한 이해를 다시금 현대사회를 살아가면서 되새겨보는데 본 연구의 의의가 있다고 본다. 특히 세계지도는 과학사상과 맞물려 동서양의 문물교류 이상으로 기독교 전파에 주는 역할과 의미가 크다고 볼 수 있다.

기독교 세계관이 함축된 지도 속에 지도의 전파는 곧 기독교의 전파를 의미하기도 했다. 이런 차원에서 세계지도는 동양인에게 큰 충격과 도전을 가져다주는 역할을 맡았다. 쉽게 수용되지 않는 서양 세계관을 어떻게 충돌과 융합의 과정을 통해 동양인들이 기독교를 수용하게 되었는지 그리고 서양의 과학과 세계관을 수용하는 방향으로 나아갔는지 살펴볼 수 있는 과정을 제시한다고 본다. 교리전파의 수준으로 이해하는 기독교 선교가 아니라 동양과 서양의 세계관이 만나는 자리로 기독교 선교를 이해할 수 있는 배움의 자리를 제공할 수 있다고 본다.

# 더 읽어볼 꺼리

『**종교와 과학-독단과 이성의 투쟁사**』(B.라쏠·송상용 옮김, 뇌파과
학사, 2018, 182쪽)

종교와 과학의 현대 발전적 관계에 대해, "과학과 그리스도교
신학 사이의 싸움은 전초지에서 가끔 일어나는 작은 충돌에도
불구하고 거의 끝났다. 그리고 나는 대부분의 그리스도교들이
그들의 종교가 그 때문에 나아졌음을 인정하리라고 생각한다.
그리스도교는 야만시대로부터 물려받은 비본질적인 것이 순화
되었고, 박해하려는 욕구는 거의 치료되었다. 보다 자유주의적
인 그리스도교들 가운데는 가치있는 윤리적 교의, 즉 우리는
이웃을 사랑해야 한다는 예수의 가르침을 받아들인다는 것, 그
리고 비록 그것이 더 이상 영혼이라고 불릴 수는 없으나, 각
개인에는 존경받을 만한 가치가 있는 그 무엇이 있다는 믿음이
남아 있다. 교회에서는 또한 그리스도교도들은 전쟁을 반대해
야 된다는 믿음이 점증하고 있다."

『**조선시대 세계지도와 세계인식**』(오상학, 창비, 2012, 385-6쪽)
"17세기 이후 조선에 전래된 다양한 서구식 세계지도들이 모

사, 제작되면서 지식인들에 많은 영향을 미쳤다. 마테오 리치의
『곤여만국전도』를 비롯하여, 알레니의 『만국전도』, 페르비스
트의 『곤여전도』 등이 서구식 세계지도와 『직방외기』, 『곤여도
설』 등의 세계지리서는 조선의 지식인 사회에 커다란 파장을
불러일으켰다. 당시 대부분의 사람들은 중국을 중심으로 한 직
방세계를 천하로 인식하고 있었는데, 서구식 세계지도를 통해
더 넓은 세계를 천하로 인정하게 되었다. 세계의 중심에 위치한
중국과 그 주위의 이역(夷域)으로 구성되는 지리적 중화관을 부
정하게 된 것이다. 중국 이외에 더 넓은 세계가 있음을 알게
되었고 그들도 상당한 수준의 문화를 지니고 있다는 사실을
점차 인정하게 되었다. 그러나 서구식 세계지도를 통해 세계에
대한 인식이 확장되었다 하더라도 전통적인 천원지방의 천지관
을 극복하고 지구설을 즉각 수용할 수는 없었다. 눈에 보이는
평평한 대지에서 눈으로 확인할 수 없는 둥근 지구로 인식을
전환하는 것은 당시의 평균적 지식인에게는 쉽지 않은 일이었
다. 하지만 서양의 천문, 역법의 원리를 이해하고 인정했던 학
자들은 서양의 천문, 지리학이 토대를 이루는 지구설을 서서히
수용하기 시작했다. 그리하여 영조 때 국가적 사업으로 편찬된
1770년의 『동국문헌비고』에 지구설이 수록될 수 있었다. 이를
통해 지리적 중화관을 서서히 극복할 수 있었으나 문화적 중화
관인 화이관까지 극복하기에는 유교적 원리가 너무나 강하게

사회를 지배하고 있었다. 일부 홍대용과 같은 학자는 화와 이를 구분하는 것은 무의미하다는 '화이일야'를 주장하며 문화적 중화관을 극복하려 했으나 대부분의 학자들은 여전히 문화적 중화관을 고수했다. 서양의 선진문물도 그 기원은 중국에 있다는 '중국원류설'이 문화적 중화관을 고수하는 중요한 논거로 활용되었다."

『**마테오 리치의 곤여만국전도와 중국인들의 반응**』(경기문화재단 실학박물관 편, 경인문화사, 2013, 11-12쪽)

땅과 바다는 본래 둥근 모양으로서 합하여 하나의 구를 이루어 천구의 가운데 위치한다. 하늘이 땅을 감싸고 있으므로, 그 둘은 상응한다. 그러므로 하늘에 남북의 두 극이 있듯 땅도 그것을 가지고 있으며, 하늘이 360도로 나뉘듯 땅도 그와 같다.(마테오 리치, 천지혼의설) 내 생각에 중국은 북도의 북쪽에 있으며, 해가 (천구의) 적도를 따라가면 낮과 밤(의 길이)은 같지만, 남도를 따라가면 낮이 짧고, 북도를 따라가면 낮이 길다. 그러므로 천구에서 낮과 밤이 같은 둥근 선(원)(즉 적도)은 중간에 있고, 낮이 짧고, 낮이 긴 두 둥근 선(즉 남북회귀선)은 남과 북에 있으므로 태양이 주행한 경계를 나타낸다. 지구 또한 세 둥근 선이 있으니, 아래에서 마주하고 있다. 단 하늘이 지구를 둘러싼 밖은 매우 크니, 하늘의 크기는 광대하다. 지구는 하늘의 복판에 있어 매우 작기에 그 크기는 협소하다. 이것이 그 차이일 뿐이다.! 지구의 두께는 28,636리 36분이고 상하와 사방, 모든 곳에 사람이 살고 있다. (지구는) 통틀어 합치면 하나의 구이니 원래 위도 아래도 없다. 하늘의 중심에 있으니, 어디를 쳐다보아도 하늘 아닌 곳이 있는가? 우주에서 무릇 발로 서있는 곳은 곧 아래가 되고 무릇 머리가 향하고 있는 곳은 바로 위가 된다. (그러나 중국사람들은) 오로지 자기 몸이 서 있는 곳을 가지고 위쪽과 아래쪽을 구분하는데, 그럴 수는 없다! 또 지세대로 지도를 나누어보면 5대륙이 있다. 유럽, 리웨이야(아프리카), 아시아, 남북아메리카, 마젤리니카이다. 각 나라는 아주 많아서 다 싣기 어려웠으니, 대략 각 대륙은 100여개의 나라를 가지고 있다. 원래 마땅히 구형의 지도를 만들어야하나, 그것을 지도에 그려 넣기가 쉽지 않아서, 원을 평면으로, 둥근 선을 반대로 하여 선으로 쉽게 처리하지 않을 수 없었다. 지구의 모양을 알려면 반드시 동편해도와 사편해도를 서로 합성하여 한편으로 만들어야 한다. 경선과 위선은 본래 각 1도마다 그리어 넣어야하지만, 지금 각각 10도를 한 지역으로 묶어서 복잡함을 피하였다. 이렇게 하여 각 나라를 그 (해당)장소에 나누어 배치하였다. 동서 위선은 세계의 길이를 숫자화한 것이니, 밤과 낮이 같은 선(적도)을 가운데 두고 위로는 북극점 아래로는 남극점까지를 숫자화했다. 남북 경선은 세계를 폭으로 숫자화했으니, 카나리아 제도로부터 시작하여 10도씩 정하니 360도가 되어 다시 만난다. 경선 상에서 두 곳의 서로 떨어진 거리가 몇 시진인지를 결정한다. 해의 궤도가 하루에 한번 돈다면 매시진마다 30도를 주행한 것이니, 두 곳이 서로 30도의 차이가 난다. 한 시진의 차이가 난다. 만약 적도에서 떨어진 도수가 또한 동일하고 남북의 차이가 있다면 두 곳의 사람들은 발바닥을 맞대고 반대편(대척점)에서 걸어 다닐 것이다. 그러므로 난징이 적도에서 북으로 32도, 카나리아 군도에서 128도이고 남아메리카의 마팔이 적도에서 남으로 32도, 카나리아군도에서 308도 떨어져 있다면, 난징과 마팔에서 사람들은 발바닥을 서로 반대편에 맞대고 걸어 다닐 것이다. 그러므로 여진 지역이 카나리아제도에서 140도 떨어져있고, 미얀마가 110도 떨어져 있다면 여진은 미얀마와 한 시진의 차이가 있다. 여진이 묘시라면, 미얀마는 인시이다. 이것으로써 같은 경선에서는 같은 시간에 살면서 동시에 일식과 월식을 볼 것이다. 이것이 대략의 설명이고 상세한 것은 지도에 갖추어져 있다. 이마두 씀

『곤여만국전도』의 이지조 서문

저들 나라 유럽에는 원래 판각 인쇄법이 있어서, 지도를 만들 때, 하늘의 남북양극을 경으로 삼고, 천구를 둘러 싼 경위를 360도로 하고 지구도 그에 상응하게 하였다. 지구의 1도마다

250리로 고정하였다. 지구의 남과 북은 극성을 가지고 징험하고, 지구의 동과 서는 해와 달의 충과 식에서 추산했다. 땅의 원형은, 채옹이 주비를 풀어 말한, 하늘과 땅은 각각 가운데는 높고 밖은 낮다는 설명에 이미 나와 있으며, 혼천의주 역시 땅은 계란의 노른자 같이, 외로이 하늘 안에 자리 잡고 있다고 말했다. 각처 주야의 장단이 같지 않다는 것도, 이미 원대 사람이 27곳을 측정하여 역시 밝히 기록해 놓았다. 다만 바닷물이 육지와 함께 하나의 원형을 만들고 그 원을 빙 둘러서 모두 사람들이 산다는 말은 처음 듣는 얘기로 매우 놀라왔다. 서태자 선생은 몸소 배를 타고 적도 아래를 지났는데, 그때 그는 하늘의 남북 두 극을 수평선 위에서 동시에 바라볼 수 있었다. 그리고 더 남쪽으로 내려가 대랑산에 이르러 하늘의 남극이 땅에서 얼마나 올라왔는지를 바라보니, 그 각도가 36도에 이르렀다. 옛날사람 중에서, 일찍이 이처럼 멀리 가서 측경한 사람이 있었는가? 선생은 조용하고 담백하여 이익을 탐하지 않고, 도를 터득한 사람 같다. 말하는 바는 이치에 맞고, 망령스럽지 않다. 또 그 나라 사람들은 멀리 여행하기에 매우 좋아하고 천문학을 배웠다. 산을 오르거나 항해하면서, 도처에서 측정하니, (옛날 우임금의 부하) 대장과 수해를 훨씬 뛰어 넘는다. 계산은 절묘하여 어리둥절하게 하고 연구하게 만든다. 그가 가지고 온 그 나라의 지도와 서적을 보면 가장 완벽하게 연구하였다. 어찌 분명하게 설명한 성인이 없었겠는가? 기이한 사람이나 기이한 책은 세상에서 쉽게 만날 수 있는 것이 아니다. 그의 나이와 체력이 쇠해 가면서 그것들은 다 번역할 수 없음이 안타깝다. 이 지도는 난징의 여러 분들이 일찍이 번각한 바 있으나, 폭이 좁아서 다 싣지 못했었다. 나는 동지들의 권유로 여섯 폭 짜리 병풍을 만들게 되었다. 틈이 날때마다 다시 써 나갔다. 역관들의 잘못을 바로 잡고 빠진 곳을 채우니, 옛날 일보다 두 배가 되었다. 고금에 중국에 조공한 나라들이 다수 빠져 있었다. 혹 옛날과 지금 명칭이 다르거나, 또는 방언이 다르게 번역되었어도 의심나는 것은 전하지 않았고, 스스로 자신의 견해가 있어도 크게 무리하지 않았다. 따로 남북 양반구 지도가 있는데, 적도를 따라서 둘로 가르고, 바로 남북 양극성이 중심이 되어, 동서와 상하를 지도의 가장자리로 삼아서, 왼편에 부각하였다. 나는 옛날 선비들이 하늘을 잘 설명했다고 여겼는데, 지금 이 지도를 보니, 뜻이 암암리에 맞는다. 동양과 서양은 마음도 같고 도리도 같다. 이 말을 어찌 믿지 않을 수 있는가?

동아시아 고대의 지리관념에 대한 주장들

땅을 포함한 자신의 주변 세계를 이해하려는 노력은 상고시대 갑골문 등의 기록으로부터도 유추해 볼 수 있겠지만,' 고전'지리학 전통이 형성되기 시작한 것은 전국시대 말기부터였다. 후대

지식인들의 땅에 대한 관념의 궤도가 이 시기부터 형성되기 시작했던 것이다. 고대 치수(治水)의 신화적 영웅인 우(禹)임금이 중국 구주(九州)를 구획하는 이야기를 담은 『상서(尙書)』 「우공(禹貢)」을 필두로 하여, '대구주(大九州)'의 거대한 세계를 논한 추연(鄒衍)의 학설이 이 시기에 등장하였다.

한대(漢代)에는 우주 전반에 대한 논의를 담고 있는 서적이 저술되었다. 중화주의적 지리관을 토대로 하여 유교적 통치자가 지상 세계를 파악하고 통치하는 이상적 방식을 서술한 『주례(周禮)』 「직방씨(職方氏)」와 「대사도(大司徒)」편이 있으며, 신화적 지리서로서 후대의 지식인들에게 드넓은 세계에 대한 상상의 재료를 제공했던 『산해경(山海經)』, 상관적 우주론의 체계에 지상 세계에 대한 여러 관념을 종합한 『회남자(淮南子)』 「천문훈(天文訓)」과 「지형훈(地形訓)」, 그리고 중국의 각 지방에 대한 지리적 정보를 수합하여 이후 방대하게 전개될 지리지(地理志)의 전통을 연 『한서(漢書)』 「지리지(地理志)」 등이 대표적인 예라고 할 수 있다. 혼천(渾天), 개천설(蓋天說)로 대표되는 우주구조론에 대한 논쟁도 이 시기에 본격화되었는데, 그 과정에서 하늘과 땅의 구조에 대한 다양한 학설이 제시되었으며, 그 내용은 『한서(漢書)』 「천문지(天文志)」 등을 비롯한 후대의 문헌에 잘 정리되었다. 이러한 문헌들은 중국의 지리학적, 우주론적 논의의 전범을 형성하였으며, 후대의 학자들은 그 속에 담긴 관념을 구체화시키거나 수정·발전시켰다. 특히 장재(張載), 주희(朱熹) 등 신유학자들이 제시한 나름의 해석은 이후 세대의 성리학자들에게 또 다른 전범으로 받아들여지기도 했다.

세계지리에 대한 지식은 한대(漢代) 이후의 새로운 지식들이 계속 추가되었던 대표적인 경우였다. 한대(漢代)의 서역 정벌을 시초로 당대(唐代)를 거쳐 원대(元代)에 이르는 세계 제국의 시기를 거치면서 중국은 동남아, 인도, 아랍 등과 활발히 교류하였고, 이는 여러 폭의 세계지도를 비롯하여 상당한 양의 지리문헌으로 귀결되었다. 명말 예수회 선교사 마테오 리치가 세계지도와 함께 서양의 지리학 지식을 중국을 소개하였을 때, 사대부들의 머리 속에는 이와 같은 고전 지리학의 전통이 자리 잡고 있었을 것이다. 앞에서 언급한 문헌들의 대다수가 사대부들이 반복해서 읽고 논의한 기본 경전(經典)에 속했으며, 천지(天地)에 대한 우주론적 지식을 기본 소양으로 간주했던 일반 사대부들의 독서 범위는 적어도 우주론 및 지리학의 주요 문헌을 포괄하는 것이었다. 사대부들은 새로운 지리 지식을 접했을 때 자연스럽게 자신이 익숙하게 알고 있었던 고전적 지리관념을 서양의 지리관념과 비교했을 것이다. 마테오 리치가 전해준 서양 지리학에 대한 사대부들의 수용 또는 저항은 고전 지리학의 전통과의 상호작용에 의한 것이었다.

그러나 마테오 리치를 중심으로 한 예수회 선교사들의 지리학과 중국의 고전 전통 사이에는, 구체적인 내용은 물론이고 지리학을 구성하는 요소들 사이에도 상당한 차이가 있었으며 특히 서양선교사들은 아리스토텔레스의 세계관을 중심으로 중국의 선교라는 목적에 적합하도록 지도와 지리학 지식공급에 많은 가공을 가하였다. 당대 유럽의 지리학과 우주론은 지리상의 발견을 통해 유입된 새로운 지리 정보들의 홍수, 코페르니쿠스의 체계와 같은 새로운 학설의 도전에 의해 낡은 전통과 새로운 요소들이 복잡하게 얽혀있었다. 그러나 이러한 복잡한 양상을 그대로 중국인들에게 전달할 수 없었던 예수회 선교사들의 유럽 지리학 내부의 혼란을 봉합하여 정합적인 체계를 만들어 내었던 것이다.

유럽 내부에서는 혼란스러웠지만 예수회 선교사들에 의해 정합된 체계로 다듬어진 서양 지리학과는 달리 중국의 고전적 지리학 전통은 하나의 체계로 정립되기 어려운 혼란스러운 상황이었다. 전국(戰國) 말기로부터 명말(明末)에 이르는 긴 시기에 걸쳐 전개된 중국의 지리 전통은 사실상 서로 이질적인 하위 전통들의 복합체였다. 예수회 선교사들의 지리학과 같은 동질적이고 단일한 '중국'의 지리 전통이란 존재하지 않았다. 지리학의 대표적인 고전인 『주례(周禮)』「대사도(大司徒)」와 『산해경(山海經)』만 보더라도 지상 세계를 표상하는 방식이나 기본적인 세계상에 있어서도 매우 다른 양상을 보인다. 구체적으로 어떻게 다른가를 살펴보는 일은 마테오 리치의 세계지도가 중국에서 수용되거나 거부되었던 원인을 규명하는데 중요한 근거가 될 것이다.

고전 전통이 서로 다른 요소들로 이루어져 있다는 것은, 중국의 지식인들이 세계를 바라보는 유리병의 모양과 두께가 서로 달라 유리병의 어디에서 밖을 보느냐에 따라 예수회 선교사들의 지리학에 대해 다른 반응을 나타낼 것임을 암시한다.

# 교회와 진화론의 만남: 교회의 상호 메타모르포시스, 그 역사와 전망

이용주

## 교회의 신앙과 진화론은 서로 대립하는 것일까?

1925년 7월, 미국 테네시 주에 자리한 작은 마을인 데이턴으로 전세계의 이목이 집중되었다. 존 스콥스(John Scopes)라는 교사가 학교에서 진화론을 가르쳤다는 이유로 기소되었고, 이에 대한 재판이 열렸기 때문이었다. 학교에서 진화론을 가르쳤다는 이유로 기소되는 것은 오늘날의 관점에서는 이해하기 힘든 일이다. 이 일은 당시 미국의 종교적 상황과 긴밀히 맞물려 발생하게 되었다.

1920년대에 미국 전역에서는 기독교 근본주의(Fundamentalism) 열풍이 불어 닥쳤다. 이에 힘입어 1925년 테네시주에서는 근본주의 운동의 지도자인 존 W. 버틀러라는 인물의 로비 결과 공립학교 내에서 진화론을 가르치는 것을 금지하는 법률(일명 버틀러법)이 통과되었다. 스콥스는 이 법률을 위반한 혐의로 근본주의자들에 의해 기소되었고 7월에 재판이 열리게 되었던 것이다. 이 재판은 피기소인의 이름을 따서 '스콥스 재판'이라고도 불리우지만, 소위 인간이 원숭이로부터 진화된 것인지가 그 쟁점이기도 하였기 때문에 '원숭이 재판'이라고도 불리운다.

재판이 열리게 된 경위 자체가 오늘날의 관점에서는 우스꽝스럽기까지 한 것이 사실이고 그러다 보니 자연스럽게 스콥스가 승소했으리라고 기대되지만, 어떻든 간에 법률을 위반한 것이 사실이었기 때문에 재판 결과 스콥스는 100달러의 벌금을 선고받게 된다. 이 재판 결과만 가지고 평가하자면, 과학적 진화론이 패배하였고 생명의 기원과 발전은 성서에 기록된 대로 이루어졌다고 주장한 기독교 근본주의 진영이 승리를 거두었던 것이다. 재판 과정에서 진화를 부정하고 성서에 기록된 대로 생명체가 창조되었다고 주장하였던 사람들의 입장이 그다지 일관적이지도 않고 모순되는 부분이 많이 있다는 것이 재판 과정을 통해서 드러나게 되었고, 이로 인해 근본주의 진영의 평판이 깎인 측면이 있었던 것도 사실이다. 그렇다고 해서 진화론을 반대하던 진영이 승리했다는 것은 변하지 않는 일이다.

진화론은 생명체와 인간에 대한 이해를 급진적으로 변화시킨 획기적인 사건과도 같은 이론체계이다. 다윈 이후 더 이상 인간을 포함하는 생명체들이 짧은 시간 동안 신에 의해 현재의 생명종 그대로 창조되었다는 전통적인 기독교의 가르침을 반복하는 것은 불가능하게 되었다. 이런 점에서 보자면 진화론의 출현은 단지 새로운 과학 이론에 불과한 것이 아니라, 창조자에 대한 신앙 가운데에서 삶의 의미를 발견하고 삶의 방향을 정초하고자 했던 서구 사회의 전반적인 의식을 완전히 변형(메타모르포시스)시킨 획기적인 사건이었다고 해도 과언이 아니다.

반면, 스콥스 재판은 갈릴레오 재판과 더불어 교회가 종교적 신념에 기초하여 과학의 발전을 거부하고 억압하였던 대표적인 사례로 자주 거론된다. 스콥스 재판으로 인해 미국에서는 교회는 자연에 대한 이성적 탐구를 통한 지식을 발전시키고 또 이에 기초한 사회의 변화를 거부하는 낡은 종교기관에 불과하다는 인식이 광범위하게 퍼지는 결과가 초래되고 말았다. 하지만 스콥스 재판에서 맹위를 떨쳤던 근본주의자들의 영향력이 오늘날에 와서 사라졌다고 단순히 기대하는 것은 섣부른 일이다. 비교적 최근에 이루어진 조사를 따르더라도 미국과 캐나다의 기독교인들 가운데에는 종교적 이유에서 진화론을 부정하는 이들의 비율이 아직도 전 국민의 50~60퍼센트에 달한다. 뿐만 아니라 이들 중 많은 사람들은 진화론만 아니라 성서에 기록된대로 생명체들은 신에 의해 창조되었다는 사실이 과학 수업 중에 가르쳐져야 한다고 주장하고 있는 실정이다.[1] 이러한 입장을 가리켜 포괄적으로 '창조주의'(Creationism)[2]라고 하는데, 이들은 시대와 상황에 따라서 '창조 과학'이나 '지적 설계론' 등으로 이름을 바꿔 가면서 활동하고 있으며 교회 내 대중들 사이에서 상당히 많은 지지를 받고 있다.

스콥스 재판을 비롯하여 창조주의자들의 활동을 살펴보면 교회는 과학에 의해 이루어진 지식의 발전과 사회의 변화를 거부하기만 하는 폐쇄적인 집단인 것으로만 보인다. 또한 한국사회에서도 종종 기독교인들에 의해 진화론 뿐만 아니라 다양한 과학적 성과들을 부정하고 비판하는 일이 드러나면서 사회적인 갈등을 초래하는 경우도 발생한다. 이러한 문제들은 사실 기독교의 창조자에 대한 신앙으로부터 불가피하게 도출되는 것이라기보다는 진화론으로 대변되는 근대 과학에 대한 보수적인 교

1   일례로 2005년에 이루어진 갤럽 조사에 의하면 미국인들 중 65.5퍼센트가 '창조주의'를 신뢰한다고 응답했다. 같은 해 이루어진 'Newsweek'의 조사에 의하면 미국인 중 80퍼센트가 신이 세계를 창조했다는 것을 믿는다고 대답했고, 푸 리서치 센터의 조사에 의하면 미국인의 3분의 2가 공립학교에서 창조론과 진화론을 같이 가르쳐야 한다고 생각했다: 로널드 L. 넘버스/신준호 옮김, 『창조론자들』, 새물결플러스, 2016, 15f.

2   creationism은 한국에서 상당히 자주 '창조론'이라고 번역되곤 한다. 그러나 본래 '창조론'이라는 개념은 세계 창조자인 신에 대한 믿음을 성서와 기독교 신앙 전통, 그리고 다양한 철학적 논변과 과학적 이론 등을 사용하여 합리적인 방식으로 해명하는 기독교 신학의 한 영역인 doctrine of creation에 대한 번역어이다. 이와는 달리, creationism이라는 개념은 성서에 대한 문자주의적 이해에 기초하여 반진화론을 기치로 삼고 있는 사람들의 종교적 신념을 통칭하여 가리키는 표현이다. 이러한 태도는 상기한 신학적 작업으로서의 창조론과 사실 아무런 관계가 없기 때문에 '창조론'이라고 번역되어서는 안 된다. 이에 아래 본문에서 creationism은 일관되게 '창조주의'로, 그리고 이를 주장하는 사람을 가리키는 creationist는 '창조주의자'로 번역될 것이다.

회 구성원들의 오해나 몰이해, 혹은 교리에 대한 경직된 이해로 인해 촉발된 경향이 강하다. 아래에서는 다윈의 『종의 기원』 이후 생명체의 진화에 대한 사고방식이 초래한 생명체의 기원에 대한 과학과 교회의 이해가 어떻게 변화해 왔는지를 살펴보고, 특히 창조주의 운동을 사회의 근대적 변화라는 맥락 속에서 이해하는 방안을 제시하고자 한다. 창조주의 운동은 근대 이후 발생한 사회의 변화에 저항하는 반근대주의 운동으로서 그 자체로 근대적 성격을 지닌다.

한편 기독교와 과학이 서로 대립하기만 하는 것이 아니고 오히려 생명체의 진화라는 주제와 관련하여 상대방의 생명 이해를 더욱 심화시켜줄 수 있는 방안이 있음을 제시하는 것도 이 글의 목적 가운데 하나이다. 이를 통해 기독교 창조신앙과 진화론, 교회와 과학이 상호간의 보다 깊은 질적인 변화 즉 메타모르포시스를 촉발시킬 수 있음을 제안하고자 한다.


## 종의 기원의 형성과정과 핵심 내용

1836년 11월 2일 아침, 다윈은 마침내 다시 영국 땅을 밟았다. 영국 해군의 측량선인 비글호를 타고 영국을 떠난 후 꼬박 5년 만에 이루어진 귀환이었다. 피츠로이 선장이 지휘하던 비글호는 태평양과 남아메리카의 지형 조사와 해도 제작을 목표로

1831년 11월 24일에 돛을 올렸다. 원래 2년으로 예정되었던 계획과는 달리 아프리카, 남아메리카, 호주, 희망봉을 거쳐 영국으로 돌아오는 여정은 5년이나 걸렸다. 이 기간 동안 다윈은 엄청나게 많은 식물과 동물의 표본들과 화석들을 수집하였고, 방대한 양의 지질학 자료들을 모아 비글호에 싣고 돌아왔다. 다윈은 비글호와 함께 보낸 5년이란 시간과 자신이 수집해 온 자료들이 모여 과학계는 물론이고 종교계를 포함하는 사회 전반에 얼마나 큰 충격을 던져줄지, 그리고 그것이 가져올 사회적 변화가 무엇인지 아직 상상도 하지 못했다.

사실 탐사기간 중 이미 다윈은 유기체는 환경에 따라 변화한다는 사실을 파악하고 있었고, 이러한 변화들이 축적된다면 종의 분화도 가능한 것이 아닐까 하고 고심하고 있었다. 잘 알려진 것처럼 갈라파고스 제도에서 본래는 하나의 종이었던 핀치새가 정착하게 된 섬의 환경에 따라 상이하게 변화한 사실에 대한 발견은 그 좋은 사례였다. 하지만 문제는 종의 변화가 얼마나 발생하는 것인지, 그리고 그 메카니즘은 무엇인지 하는 것에 대한 설명방법을 아직 발견하지 못했다는 데 있었다. 그러던 중 1838년에 맬서스의 『인구론』을 읽다가 종의 변화를 해명할 수 있는 착상이 떠올랐다.

맬서스는 인구는 기하급수적으로 늘어나는 것에 반해 식량의 생산은 산술급수적으로 밖에는 늘어나지 않으며, 따라서 인구의 증가는 음식의 공급량에 의해 제한될 수밖에 없다고 주장했다. 사람들 사이에는 부족한 식량을 얻기 위한 투쟁이 일어날 수밖에 없고, 자연은 이러한 경쟁에서 약자를 제거하고 강자를 선택할 것이다. 이 책을 읽으면서 다윈은 생존투쟁에 있어서 유리한 변이는 살아남고, 불리한 변이는 자연에 의해 도태됨으로써 종의 변화가 발생하리라는 착상을 얻게 되었다. 이는 오랫동안 서구 기독교 사회에서 통용되던 신념, 즉 신이 얼마 오래되지 않은 과거에 -당시 통용되던 믿음에 의하면 대략 6천년 전- 모든 생명종들을 창조하였다는 생각을 완전히 무너뜨리는 획기적인 발상이 떠오르게 된 것이었다. 이후 다윈은 조셉 후커, 토마스 헉슬리, 아사 그레이 등과 같은 학자들과 교류하는 가운데 종의 진화에 관한 생각을 더욱 정교하게 다듬어갔다.

다윈의 이론의 핵심은 두 가지로 정리할 수 있다. 하나는 모든 형태의 생명체는 아주 긴 시간의 흐름 가운데에서 공동의 조상으로부터 변형되는 방식으로 진화해 왔다는 것이고, 다른 하나는 이와 같이 점진적인 변형을 통해 이루어지는 새로운 종의 출현은 -신의 창조나 섭리, 혹은 설계가 아니라- '자연선택'(natural selection)에 의한다는 것이다.[3] 이미 1844년경에 다윈은 진화에 관한 거의 완결된 형태의 생각에 도달해 있었지만, 이를 발표하

---

3    존 호트·신재식 옮김, 『신과 진화에 관한 101가지 질문』, 지성사, 2004, 24쪽.

는 것은 주저하고 있었다. 그 이유가 무엇인지는 짐작하기 어려운 일이 아니다. 자연선택을 통해 새로운 종이 출현한다는 설명은 1800년 이상 신의 창조를 믿어온 서구 기독교 사회에서 큰 파장을 일으키리라는 것은 자명한 일이었다. 에딘버러 대학에서 의학을 공부하던 시절에 한 동료가 생명체는 신의 설계에 의해 창조되었다는 것을 부정하는 글을 발표했다가 동아리에서 배척당하는 일을 직접 목격하기도 했으니,[4] 신중한 성격의 다윈은 여러모로 조심할 수밖에 없었다.

하지만 자신의 새로운 이론을 발표하는 것을 마냥 연기할 수도 없는 사정이 생겼다. 1858년 월리스라는 사람으로부터 한 편의 논문이 다윈에게 배달되었다. 논문을 읽은 다윈은 당황할 수밖에 없었는데, 거기에는 다윈의 이론과 거의 동일한 내용이 담겨 있었기 때문이었다. 원래 과학자들의 사회에서 독창성이란 가장 존중받는 미덕 중의 하나인데, 월리스가 자신보다 먼저 자연선택에 의한 생명의 진화를 발표해 버린다면 모든 공은 이 사람에 돌아가고 말 것이었다. 그래서 다윈은 기왕에 자연선택에 관해 집필하고 있던 책을 대폭 줄여 1859년 11월 24일에 생명의 진화에 대한 자신의 이론을 출판하는데, 그것이 바로 『종의 기원』[5]이다.

---

4    존 벨라미 포스터 외·박종일 옮김, 『다윈주의와 지적 설계론』, 인간사랑, 2009.

『종의 기원』은 초판으로 1250부가 인쇄되었는데, 출판하자 마자 즉시 전량 매진되었다. 1860년 1월에 제2판으로 3000권이 출판되었지만, 역시도 즉시 팔려나가 버렸다. 반기독교적인 내용을 사람들이 보지 못하도록 시중에 책이 풀리는 즉시 기독교인들이 구입해버렸다는 소문이 돌기도 했다고 한다. 『종의 기원』은 생명종들의 기원과 발전을 설명함에 있어서 더 이상 신을 언급하지 않고 오직 자연 그 자체의 작용에 의한 것으로 해명한다는 점에서 기존의 기독교적 세계관과는 완전히 단절된 것처럼 보이는 것이 사실이다. 다윈 자신이 '진화'(evolution)라는 말을 사용하는 것을 즐겨하지는 않았지만, 이제 자연선택에 의한 진화라는 표현이 신에 의한 창조라는 설명을 대체해 버리고 말았다. 20세기 후반기 이후의 유물론적 철학자 가운데 에 가장 영향력 있는 인물 중 하나인 다니엘 데닛은 『종의 기원』의 의미를 다음과 같이 묘사하였다. "적어도 학구적인 눈으로 본다면, 과학은 승리했고 종교는 패배했다. 다윈의 생각은 창세기를 기묘한 신화의 변방으로 추방했다.[6] 하지만 진화라는 개념이 창조

---

5    원제는 『자연선택을 통한 종의 기원 또는 생존 투쟁에서 선호되는 종의 보존에 관하여』(On the Origin of Species by Means of Natural Selection, or the Preservation of Favoured Races in the Struggle for Life)이다. 한글판으로는: 찰스 다윈·장대익 옮김, 『종의 기원: 자연 선택을 통한 종의 기원에 관하여 또는 생존 투쟁에서 선호된 품종의 보존에 관하여』, 사이언스북스, 2019.

6    존 호트·신재식 옮김, 『신과 진화에 관한 101가지 질문』, 2004, 26쪽.

자에 대한 생각을 완전히 몰아내는 데 성공한 적은 지금까지 없었고, 또한 창조자에 대한 신앙이 진화라는 새로운 이해를 언제나 거부하기만 한 것도 아니었다.

## 다윈 진화론에 대한 과학계와 교회의 다양한 반응들

### 『종의 기원』에 대한 과학계의 반응들

#### 윌버포스와 헉슬리의 논쟁

앞에서 인용된 데닛의 말은 대중들의 뇌리 속에 강력하게 박혀있는 하나의 고정된 이미지를 전제로 한다. 즉 낡은 종교적 신념에 기초해서 과학을 억압하는 종교 혹은 교회에 대한 모습이 바로 그것이다. 이런 대중적인 이미지는 대략 300여년 전 가톨릭교회에 의해 자행된 갈릴레오 재판에 대한 선명한 기억으로 인해 더욱 강화되는 경향이 있다. 과학과 기독교 교회의 관계에 대한 이런 배경을 염두에 둔다면, 『종의 기원』은 종교의 억압으로부터 과학을 해방시킨 해방자처럼 적극적으로 과학자들에 의해 수용되었을 것 같고, 반면 교회는 『종의 기원』을 무신론적인 것으로 폄훼하면서 반대했을 것만 같다. 하지만 자세히 들여다 보면 이 책에 대한 과학계와 종교계의 반응이 그렇게 단순하거나 획일적이지 않았다는 것을 알게 된다.

『종의 기원』이 출판된 다음 해인 1860년 6월 30일 옥스퍼드

대학에서는 영국 과학진흥협회의 식물학 분과 회의가 열렸다. 토론 주제는 당연히 다윈의 『종의 기원』이었다. 이 자리에서 새뮤얼 윌버포스 주교가 일어나서 다윈의 열렬한 지지자인 토마스 헉슬리에게 예의바른 태도를 취하면서도 실제로는 조롱하면서 질문했다고 한다. "우리가 원숭이의 후손이라고 주장하고 계시는데, 그렇다면 그게 할아버지 쪽인지 혹은 할머니 쪽인지 알기를 청한다." 헉슬리는 다윈이 종의 분화에 대한 설명방법을 고민할 때 늘 기꺼이 대화의 파트너가 되어 주었던 사람으로서, 다윈의 열렬한 지지자였기 때문에 '다윈의 불독'이라는 별명을 얻기까지 한 사람이었다. 윌버포스의 질문을 듣자 헉슬리는 간단히 다윈의 이론에 대해서 설명한 후 이렇게 말했다. "조상이 원숭이라는 사실은 부끄럽지 않지만 신이 주신 위대한 선물인 '재능'을 진실을 호도하는 데 이용하는 당신 같은 사람과 내가 같은 인간이라는 사실이 부끄럽다." 싸움은 싱겁게 과학의 한판승으로 끝난 것처럼 보인다.[7]

월버포스와 헉슬리의 논쟁이라는 일화는 과학사에서 자주 인용되는 에피소드로서, 갈릴레오 재판이 있은 지 250여년이 지나 마침내 과학이 종교와 과학 간의 갈등에서 마침내 승리를 거둔

---

7    이 논쟁의 내용과 그 평가에 대해서는 다음을 참고하라: 데이비드 N. 리빙스턴,
     「진화에 관한 헉슬리와 월버포스의 논쟁은 헉슬리의 완승으로 끝이 났다?」,
     로널드 L. 넘버스 엮음·김정은 옮김, 『과학과 종교는 적인가 동지인가』, 뜨인돌
     출판사, 2010, 233-246쪽.

사건으로 회자되곤 한다. 하지만 전해져오는 이야기 그대로 두 사람이 충돌한 것은 아니라는 것이 오늘날 역사가들의 중론이다. 윌버포스와 헉슬리가 진화와 관련하여 서로 다른 의견을 가지고 있었던 것은 사실이지만, 그것을 단순히 주교와 생물학자, 교회와 과학 사이의 충돌로 단순화 시켜서는 안 된다. 잊지말아야 할 것은 이 날의 모임은 어디까지나 영국 '과학' 진흥협회의 회의 자리였다는 것이다.

다윈이 활동하던 19세기 중엽에는 과학이 오늘날과 같은 엄밀한 의미에서의 경험학문으로서 완전히 정립되어 있지는 않았다. 말하자면 당시의 자연에 대한 탐구는 아직 자연'과학'으로서 완전히 정립되지는 못하였고, 자연에 대한 철학적, 신학적 탐구의 범위를 완전히 벗어나지 못한 상황이었다. 그래서 자연현상들이 어떻게 그 안에 내재한 법칙에 의해 나타나는 지를 밝히는 작업들은 여전히 '자연철학'[8] 혹은 '자연신학'의 범위 안에 머물러 있었다. 그 대표적인 인물이 바로 1802년에 『자연신학』(*Natural Theology*)을 출판한 윌리엄 페일리(William Paley)이다.

페일리는 19세기 중엽까지 영국에서 가장 영향력 있는 자연신학자로서 자연이 신의 지적인 설계에 따라 작동한다고 가르

---

**8**  만유인력의 법칙을 설명한 뉴턴의 책도 원제가 『자연철학의 수학적 원리』(Philosophiae Naturalis Principia Mathematica)라는 것을 생각해 보면 쉽게 이해가 될 수 있다.

쳤다. 이를 위한 논증으로 페일리는 시계를 비유로 들었는데, 이 비유 역시도 매우 유명하다. 누군가가 황무지에서 아주 조화롭게 작동하는 시계를 발견한다면 당연히 그 시계를 만든 지적인 시계공이 있다는 결론에 도달하게 된다. 이와 마찬가지로 유기체들이 매우 정교하게 조직되어 있고 또 이에 따라 놀랄 만한 방식으로 환경에 적응해서 살아가는 것을 보면, 이 유기체들을 설계한 지적인 신의 존재를 부정할 수 없다는 것이 페일리의 자연신학의 핵심 논리이다.

페일리의 논리는 아래에서 좀 더 자세히 살펴보게 될 '지적 설계론'(intelligent design)의 원조격이 되는 사고틀이다. 다윈 당시 자연에 대한 관찰은 유신론적 신념체계를 정당화하는 수단으로 사용되었고, 사실 젊은 시절의 다윈 역시도 페일리의 의견에 동조하는 입장이었다. 그러니까 당시 자연을 탐구하던 '과학자'들 중에는 자연의 법칙을 밝힘으로써 신이 피조세계에서 작동하는 방식을 제시하고자 했던 성직자 혹은 신학자들이 다수 포진해 있었고, 옥스퍼드 모임에 윌버포스 주교가 참석할 수 있었던 것도 바로 이런 이유 때문이었다.

이런 뒷배경을 고려한다면, 윌버포스와 헉슬리의 논쟁을 단순히 종교와 과학 사이에 벌어졌던 해묵은 갈등의 하나로 단순하게 분류하기가 쉽지 않다는 것을 알 수 있다. 그보다는 그날 밤의 일은 자연에 대한 탐구를 여전히 신에 대한 논증과 연결하려는 구과학과, 자연을 오직 자연 자체로서만 해명하려는 -이제 막 태동하기 시작한- 신과학 사이의 대결로 이해하는 것이 더 적절하다. 당시 34세였던 헉슬리는 54세였던 윌버포스 같은 구세대 과학자들의 과학 이해를 거부하고, 오직 자연 자체에 내재한 메카니즘을 밝히는 것으로 과학을 더욱 정교하게 전문화시키고자 하는 신세대 과학자들의 입장을 대변하는 것이었다.[9] 두 사람 사이의 논쟁은 당시 과학자 사회 안에서 발생하고 있던 과학에 대한 패러다임의 전환의 과정을 보여준다. 아래에서 다시 살펴보겠지만 다윈과 함께 헉슬리는 과학자들 사이에서 과학에 대한 이해의 전향적인 메타모르포시스를 이루어가는 과정 가운데 있고, 윌버포스 같은 구세대 과학자들은 아직 이를 받아들일 만한 준비가 되어 있지 않았던 것이다. 그러니까 『종의 기원』의 내용을 모든 당대의 과학자들이 열광적으로 받아들인 것도 아니었고, 그렇다고 해서 모든 신학자들이 이를 거부하기만 한 것도 아니었다.

『종의 기원』에 대한 과학계의 상이한 태도들

자연선택에 의해 종의 변화가 발생한다는 다윈의 학설에 대한 당시 과학계의 입장은 대략적으로 다음과 같이 세 가지로

---

9    데이비드 N. 리빙스턴, 「진화에 관한 헉슬리와 윌버포스의 논쟁은 헉슬리의 완승으로 끝이 났다?」, 2010, 240f.

분류할 수 있다.

첫째, 당대의 과학자들 가운데에는 다윈의 자연선택설을 한 사코 반대했던 사람들도 많은데, 그 중 대표적인 인물이 루이 아가시(Louis Agassiz)이다. 아가시는 스위스에서 태어나서 동물학과 지질학을 연구하다가 미국으로 이주하여 하버드 대학에서 가르쳤는데, 1800년대 중반에 자연사 연구 분야에서 가장 영향력이 큰 생물학자 중 한 명이었다.[10] 아가시는 방대한 생물학과 지질학 자료 수집과 분석에 있어서 타의 추종을 불허하는 과학자였음에도 불구하고 다윈의 자연선택 이론을 철저히 거부했다. 다윈의 이론이 대서양 너머 미국으로 건너오자 아가시는 자신이 누리고 있던 학문적, 사회적 명성을 이용해서 다윈주의를 저지하고자 애썼다. 그는 대중강연 등을 통해서 모든 유기체는 특정한 계획을 가지고 신이 연속적으로 창조했다는 입장을 고수했다. 이런 아가시의 태도는 그가 여전히 자연현상을 신의 계획과 연결 짓고, 목적론적인 방식으로 자연을 이해하는 옛 과학의 입장을 고수하고 있었음을 보여준다. 당대의 과학자들 중에는 자연에 대한 유물론적 해명은 자연으로부터 의미를 제거해 버리고, 결국에는 신의 존재를 부정하리라는 우려 때문에

10  아가시는 '살아있는 화석'이라고 불리우는 실러캔스에게 이름을 붙여준 생물학자이자, 빙하시대가 전세계적으로 방대한 지역에서 존재했음을 밝힌 인물이기도 하다.

다윈의 자연선택 이론을 거부한 이들이 많이 있었다. 다윈의 진화론을 아가시가 완강히 거부했기 때문에 진화를 반대하는 미국의 보수적인 기독교인들은 아가시야말로 신이 성경에 기록된 대로 세계를 창조했다는 오래된 교회의 믿음을 수호해 줄 수호자라고 생각했다. 하지만 이들의 기대는 오래 가지는 못했는데, 그 이유는 아가시가 신에 의한 생명체의 창조를 주장하기는 했지만, 그렇다고 해서 신의 창조가 성경에 기록된 그대로의 방식과 시기를 따라 이루어졌으리라는 주장에는 동의하지 않았기 때문이었다.[11] 특히 아가시의 빙하시대론은 노아의 홍수가 지구의 지질학적 변화의 원인이라고 주장했던 창조주의자 프라이스의 견해를 철저하게 부정하는 것이었다. 프라이스에 대해서는 아래에서 더 자세하게 다루어질 것이다.

둘째, 아주 오랜 기간 동안 이루어진 환경적응 과정을 거쳐 새로운 종의 출현이 발생한다는 다윈주의를 수용하면서도 이를 기독교적 신념과 조화시키려는 과학자들이 있었는데, 그 중 대표적인 인물로 아사 그레이(Asa Gray)를 들 수 있다. 그레이는 미국의 식물학자로서 후커의 주선을 통해 다윈과 교분을 쌓게 된 후 서신을 통해 미국의 식물분포에 대한 자료를 제공함으로써 다윈이 대서양 건너편에서 진화론을 완성하는 데 도움을

---

11 로널드 L. 넘버스·신준호 옮김, 『창조론자들』, 2016, 49쪽.

준 사람이기도 하다. 그레이는 처음에는 모든 식물은 신에 의해 특정한 시기에 창조되었으며, 일단 창조된 종은 변하지 않는다는 전통적인 기독교 세계관에 인접한 생각을 갖고 있었다. 하지만 후에 가서는 종들은 불변하는 것이 아니라는 사실을 받아들이고, 이렇게 새로운 종을 추동하는 힘이 바로 자연선택이라고 인정하는 데까지 이르렀다. 식물분류학에 대한 자신의 연구에 비추어보더라도 다윈의 이론을 부정하는 것은 있을 수 없는 일이었기 때문이었다.

아가시와는 달리 유연하게 다윈이론을 수용한다는 점에서 그레이는 새로운 과학운동 진영에 속한 것처럼 보이는 것이 사실이다. 하지만 좀 더 자세히 들여다보면, 그레이 역시도 다윈의 생각을 모두 수용하지는 않았다는 것을 알 수 있다. 그레이는 자연선택을 받아들이면서도, 자연선택과 창조자에 대한 믿음을 조화시키는 것을 자신의 과학적 사명이라고 생각했다. 이를 위해서 그레이는 페일리의 설계 논증에 의존한다. 유기체들이 환경에 적응해서 살아가고, 자연선택에 의해서 새로운 종이 출현하는 것은 사실이지만, 이 모든 일의 최종적인 근원에는 이렇게 디자인한 설계자가 있기 때문이라는 것이다. 그래서 그레이는 진화를 받아들이면서도, 그것이 방향 없이 발생하는 무수한 시행착오를 거쳐서 이루어지는 것은 아니고, "세상을 관장하는 어떤 마음" 즉 신적 계획에 의해 일어나는 것이리라고 말한다.[12]

그레이는 실증적 관찰로부터 도출된 자연선택이라는 사실을 받아들이지만, 진화는 우연적인 사건을 통해 이루어진다는 주장이 인간의 삶으로부터 목적과 방향을 빼앗아버릴 것을 두려워했다. 그래서 그레이는 자연선택이라는 일종의 자연사적 사실을 자연신학의 설계논증을 통해 보완하려고 했고, 다윈도 기꺼이 이를 인정할 것이라고 믿었다. 하지만, 유감스럽게도 다윈은 "우리가 아무리 그랬으면 하고 원하더라도 … 그레이 교수의 믿음을 따를 수는 없다"고 말함으로써 오랜 친구의 기대를 저버리고 말았다. 『종의 기원』을 출판했을 무렵 이미 다윈은 페일리식의 자연신학으로부터 그레이가 기대했던 것보다 훨씬 멀리 떨어져 있었다.

셋째, 『종의 기원』에 등장하는 자연선택이라는 개념은 자연현상을 설명함에 있어서 종교적 세계관에 의지하지 않고 오직 합리적 이성을 통해 자연을 그 자체로 해명하는 것만이 과학일 수 있다는 새로운 관점을 제공해 주었고, 이는 과학계에 몸담고 있던 사람들에게 급속도로 수용되었다. 비록 윌버포스와 헉슬리 사이의 논쟁이 하나의 허구적인 에피소드에 불과하다고 할지라도, 이 이야기는 당시 영국의 과학사회 안에서 과학이란

---

12 그레이에 관해서는 다음을 참고하라: 존 H. 로버츠, 「다윈의 진화론이 자연신학을 파괴했다?」, 로널드 L. 넘버스 엮음·김정은 옮김, 『과학과 종교는 적인가 동지인가』, 2010, 247-257쪽, 251f.

무엇인가 하는 문제에 대한 치열한 논쟁이 벌어졌음을 암시한다. 헉슬리는 계시나 성서의 이야기와 자연에 대한 해명을 결합시키는 전통적인 과학관을 거부하고, 과학을 종교적 세계관으로부터 독립시킴으로써 과학의 고유성과 전문성을 확립하고자 했던 과학에 대한 새로운 이해를 대변한다. 자연을 해명할 때 신과의 연관성을 배제하는 방법을 가리켜 헉슬리는 '불가지론'(agnosticism)이라고 불렀는데, 이는 앞으로 과학 활동에 종사하게 될 모든 이들의 방법론적 전제가 되는 중요한 내용이므로 좀 길게 인용할 필요가 있다.

> "불가지론은 사실상 신조가 아니라 방법이며, 그 본질은 단 하나의 원리를 엄밀하게 적용하는 데 있다 … 그것은 데카르트의 위대한 원리이다; 그것은 근대과학의 근본적인 공리이다. 적극적으로 말하면, 그 원리는 이렇게 표현될 수 있다: 지성의 문제들에서, 다른 어떤 것도 고려하지 말고 그것이 이끄는 대로 끝까지 당신의 이성을 따른다. 그리고 부정적으로 말하면, 지성의 문제들에서 증명되지 않고 증명될 수 없는 결론들을 확실한 것처럼 가장하지 말라."[13]

---

**13** T.H. Huxley, *Science and Christian Tradition* (New York: D. Appleton, 1896), 245f.: 헌터 두프리, 「다윈시대 기독교와 과학 공동체」, 데이비드 C. 린드버그, 로널드 L. 넘버스·박우성, 이정배 옮김, 『신과 자연. 기독교와 과학, 그 만남의 역사』 하권, 이화여자대학교출판부, 1999, 472-493쪽, 487f.에서 재인용.

위의 인용문에서 "다른 어떤 것"이란 당시까지 관습적으로 수용되던 종교적, 세계관적 전제들을 가리키는 것으로 이해해도 무방하다. 헉슬리는 자연을 탐구함에 있어서 과학은 세계 안에서 일어나는 현상들의 원인으로 간주되었던 신을 전제하지 않고, 오직 이성만을 수단으로 하여 자연현상을 자연 그 자체로서만 설명하는 방법론을 제시하고 있다. 이런 점에서 헉슬리의 제안은 일종의 '방법론적 자연주의'(methodological naturalism) 혹은 '방법론적 물질주의'(methodological materialism)라고 불리울 수 있다. 다윈 이전의 과학이 자연에 대한 신의 계획이나 설계, 혹은 신이 의도한 목적 등을 보여주는 것을 목표로 했던 것과는 달리, 이 새로운 방식은 신을 논증하는 것은 더 이상 과학의 방법이나 목표가 될 수 없다는 과학자들 사이의 새로운 자의식을 보여준다. 신의 존재나 본질, 그 속성 등을 제시하는 것은 더 이상 과학의 과제가 아니며, 신은 자연에 대한 이성적 탐구로서의 과학 활동에 있어서 더 이상 논의의 대상이 되지 않는다. 자연은 오직 자연 그자체로서만 설명될 뿐이다. 과학은 '마치 신이 존재하지 않는 것처럼'(etsi Deus non daretur) 자연을 연구하는 것을 방법으로 채택하며, 이런 점에서 향후 모든 과학 활동은 '방법론적 무신론'(methodological atheism)을 전제로 한다고 해도 무방하다.

하지만 다윈이나 헉슬리에 의해 본격화된 새로운 과학 방법론을 유물론이나 무신론이라고 부르는 것은 과도한 해석이다.[14] 그것은 '신은 존재하지 않는다'는 일종의 세계관적 신념으로서 '형이상학적 무신론'(metaphysical atheism)이나, 존재하는 것은 오직 물질 뿐이며 정신이란 허구에 불과하다는 식의 '존재론적 유물론'(ontological materialism)과는 구별되기 때문이다. 다윈이나 헉슬리는 단지 과학의 새로운 방법론을 제시하고, 이 방법에 따른 순수한 이성적 탐구를 통해 자연의 비밀을 파헤치는 데 집중하고자 했을 뿐이다.

반면, 아가시나 그레이는 스스로가 생물학 분야에 있어서 뛰어난 연구자들이었음에도 불구하고, 그리고 이들 자신이 자연 안에 생명체의 진화가 발생한다는 사실을 인정함에도 불구하고 과학의 방법론적 전환을 완전히 받아들이는 데에는 주저하는 태도를 보였다. 아가시는 생명체의 진화가 오직 생존경쟁의 결과에 지나지 않는다면 세계는 목적을 상실하고 말 것이라고 우려했고, 그레이는 생명체의 진화를 받아들이면서도 이를 유신론적 신념과 조화시키는 것을 과학의 과제라고 여겼다. 이들

---

14 다윈의 자연선택 이론을 철저한 유물론이라고 평가하는 이들도 많이 있다. 이에 대해서는: 존 벨라미 포스터 외 공저·박종일 옮김, 『다윈주의와 지적 설계론』, 2008, 161ff. 이 책의 저자들은 우리가 뒤에 살펴보게 될 보수적인 기독교계의 지적 설계론의 오류를 지적하면서 다윈과 헉슬리를 철저하게 존재론적 유물론자인 것으로 묘사하고 있지만, 이는 과장된 평가인 것으로 보인다. 왜냐하면 특히 다윈같은 경우는 진화론을 발표한 이후에도 스스로 성공회 사제직을 평생 유지하고 있었기 때문이다.

은 모두 다윈과 헉슬리의 방법론적 자연주의 혹은 방법론적 물질주의가 신과 세계의 관련성을 제거함으로써 인간의 존엄성이나 삶의 의미 등을 제거해 버릴 것을 두려워했던 것이고, 자연선택 이론이 일종의 형이상학적 무신론이나 존재론적 유물론으로 귀결될 될 것을 우려했던 것이다.

상기한 내용들을 염두에 둔다면『종의 기원』이 출판된 이후 벌어진 것으로 전해지는 윌버포스와 헉슬리의 논쟁을 단지 종교와 과학 사이의 갈등의 사례로만 이해하는 것은 상당히 일방적인 이해라는 것을 알 수 있다. 그보다는 이 논쟁은 새로운 과학이 전제하는 방법론적 자연주의와 옛 과학이 전제하던 자연신학적 설계논증 사이의 충돌로 이해하는 것이 더 적절하다. 자연선택 이론이 과학자들 사이에서 촉발시킨 과학방법의 획기적인 전환은 신에 의해 인도되는 세계에 대한 오래된 신념을 지닌 사람들 사이에서 수용되기에는 아직 시간이 필요했을 뿐이다. 사실 두 시대의 충돌은 그리 오래가지 않았다. 환경과의 상호작용을 통해 생명체들 가운데 변화가 발생한다는 진화론적 증거들은 그 수가 너무 압도적이었기 때문에 이 새로운 과학을 거부하는 것은 무의미한 일이었다.

하지만 설계논증이 완전히 사라진 것은 아니었다. 과학자들 사이에서는 더 이상 발붙일 여지가 남아있지 않지만, 설계논증은 기독교인들 사이에서 전해지면서 21세기인 오늘날에도 여전히 상당히 큰 영향력을 행사하고 있다. 아래에서 살펴보겠지만, 이들은 진화가 과학적 사실이라는 것을 부정하면서 창조 내지는 설계를 자연에 대한 과학적 해명의 대안으로 제시하고자 다방면으로 시도하고 있다. 상당수의 보수적인 기독교인들 사이에서는 진화 대신에 창조, 혹은 진화 대신에 설계가 믿어지고 있는 것이다. 그렇다면, 다윈 당시 교회는 자연선택에 대해 어떻게 반응했을까?

## 『종의 기원』에 대한 교회의 다양한 반응들

앞에서 살펴본 것처럼 『종의 기원』은 과학의 과제와 방법에 대해 이전 세대의 과학이해와는 완전히 구별되는 새로운 패러다임을 제시했고, 이는 과학자들 사이에서도 상당한 논란을 초래했다. 그러니 신의 설계나 섭리를 배제한 채 세상을 설명하려는 새로운 시도를 교회가 수용하는 것은 쉬운 일이 아니었으리라는 것은 쉽게 예상할 수 있다. 갈릴레오 재판 때 그랬던 것처럼 교회가 사력을 다해 다윈을 배척했을 것이라고 생각할 수도 있지만, 실상은 그렇지만은 않았다. 과학계 안에서 그랬던 것처럼 『종의 기원』은 교회 안에서도 상당한 논란을 일으킨 것은 사실이다. 하지만 그렇다고 해서 세상이 끝날 것 같은 요란한 소동은 일어나지 않았다. 『종의 기원』은 생명의 진화라는 상대적으로 새로운 아이디어를 제시했던 것은 사실이지만, 진화라는 개념만 빼고 본다면 진화론이 제기한 문제는 그다지 낯선 것은 아니었기 때문이다. 앞에서도 살펴본 것처럼 진화론은 신의 섭리나 계획, 신이 세계에 부여해 준 목적 같은 개념들을 제거하고 생명에 대한 이해를 제시하는 설명체계이다. 이제 과학은 일종의 유물론적 전제 위에서, 자연 안에 내재한 힘의 작동 방식을 기계론적으로 설명하는 것만을 그 방법으로 채택한다. 그런데, 교회의 긴 역사 속에서 유물론의 도전은 그 자체로는 그다지 새로울 것이 없는 발상이었고, 교회에는 이런 문제를 처리했던 경험들이 오랫동안 축적되어 있었다. 그러니까 다윈의 진화론은 교회가 충분히 겪어보았던 해묵은 논제를 다시 끄집어 낸 정도로 인식되었을 뿐 경악스러울 정도로 획기적인 도전이었던 것은 아니었다.[15] 흥미롭게도 『종의 기원』에 대한 교회의 반응은 과학자들 사이에서 있었던 것과 유사하게 갈린다.

첫째, 진화론을 무신론과 동일시하면서 이를 철저하게 거부하는 입장이다. 대표적인 인물로 찰스 핫지(Charles Hodge)를 들 수 있는데, 그는 미국 프린스턴 신학교의 교수로서 19세기 중반 이후 미국교회에서 발생한 근본주의 운동의 선구자로 평가되는 인물이다. 핫지는 다윈의 책을 주의 깊게 읽고 『다윈주의란 무엇인가?』(*What is Darwinism?*)[16]라는 책을 쓰기까지 했다.

---

15 프레데릭 그레고리, 「19세기 다윈의 진화론이 개신교 신학에 미친 영향」, 『신과 자연. 기독교와 과학, 그 만남의 역사』 하권, 1999, 494-520쪽, 499쪽.

핫지는 진화라는 발상 그 자체는 그다지 문제가 된다고 보지 않았다. 사실 지구의 아주 오랜 역사 속에서 최초의 원시적인 생명체가 나타났고, 이것이 더욱 복잡해지는 과정을 통해 생명의 진화가 발생했다는 것은 이미 다윈의 할아버지인 이레즈머즈 다윈도 이야기한 바 있었고, 따라서 다윈의 동시대 사람들에게 진화라는 개념 자체는 새로울 것이 없었다. 페일리의 자연신학도 이러한 진화를 유신론적으로, 즉 신의 설계에 의한 것이라고 해석함으로써 기존의 창조자에 대한 신앙을 보호하고자 했던 시도였다.[17]

진화라는 개념 자체보다 핫지가 문제시한 것은 '자연' 선택이라는 개념이었다. 다윈의 진화론은 생명의 역사를 단지 우연에 의해 지배되는 물질적인 과정에 불과한 것으로 가르친다는 점에서 기독교의 창조신앙과는 조화될 수 없다고 핫지는 판단했다. 자연선택이 생명의 진화의 배후에 놓여 있는 힘이라면, 이러한 의미에서의 진화론은 자연 안에서 신이 활동할 수 있는 여지를 허락하지 않는다는 것이다. 따라서 핫지는 다윈은 "상상할 수 있는 것 이상으로 완전히 자연주의적이고 매우 심각히 무신론적[18]"이라고 강력하게 비판한다. 그가 보기에 교회에게

---

16 Charles Hodge, *What is Darwinism?* (Princeton, N. J.: Scribner, 1874).

17 이완 라이스 모루스 외·임지원 옮김, 『옥스퍼드 과학사』, 반니, 2019, 433f.

18 https://www.britannica.com/topic/What-Is-Darwinism (2020년 3월 5일 접속)

주어진 선택지는 진화를 거부하는 것 외에는 없었다. 신이 존재한다면 자연선택에 의한 진화는 거짓이고, 진화가 맞다면 창조자는 존재하지 않는다. 핫지의 이해는 생명의 기원과 발전에 대한 이해를 『종의 기원』이 완전히 변화시킨 이후 진화론을 대하는 기독교의 대중적인 태도를 결정지었다. 창조자를 믿는 한 진화를 받아들일 수 없다는 입장이 바로 그것이다.

둘째, 교회 안에는 핫지처럼 진화론을 강경하게 거부한 사람들만 있는 것은 아니었다. 오히려 고등교육을 받은 신학자들과 목사들은 다윈주의가 반드시 창조자에 대한 신앙을 위협하는 것은 아니며 오히려 더 강화해 줄 수 있다고 생각했다. 물론 이들이 진화론의 모든 내용을 받아들였던 것은 아니고 특정한 유보조건 하에서 진화를 수용했는데, 그것은 바로 진화론에 깔려 있는 유물론적 전제를 제거하는 방식이었다. 이들은 생명체에게 발생한 우연한 변이를 통한 자연도태라는 진화론의 설명은 자연 안에서 신이 활동하는 것을 불가능하게 하리라고 생각했다는 점에서 핫지의 태도와 정확히 일치한다. 하지만 자연선택이라는 개념만 제거하고 보면, 변이된 형질이 다음 세대에게 유전됨으로써 생명의 진화가 이루어진다는 생각 자체는 전혀 문제가 될 것이 없었다. 아니, 오히려 이러한 생각은 당시 서구 사회 전반에 깔려 있던 역사의 '진보'라는 개념과 너무 잘 조화되는 것이었다. 낮은 수준의 생명체로부터 인간이 출현하는 것은 결코 성서에 기록된 인간에 대한 이해와 대립되지 않고, 오히려 후자를 증명해 주는 것으로 이들은 이해했다. 그 대표적인 인물이 A.H. 스트롱이다.

스트롱은 미국 로체스터 신학교의 총장을 역임한 사람인데, 그는 인류의 조상이 짐승이라고 하더라도 하나도 문제가 될 것이 없다고 생각했다. 신약성경에는 예수가 가나라는 동네에서 벌어진 결혼 피로연에서 물을 포도주로 만드는 기적을 행했다는 이야기가 기록되어 있다. 이 기적에서 "포도주를 만드는데 물이 사용되었다고 해서 포도주가 물이 아닌" 것처럼, "인간의 창조에 짐승이 다소 기여했다고 해서 인간이 짐승인 것은 아니"라고 말하면서 스트롱은 인간이 열등한 동물로부터 진화한 것이라는 진화론의 설명을 아무런 거부감 없이 받아들였다. 윌버포스와 헉슬리에 대한 이야기에 반영된 것처럼 당시 기독교인들은 인간이 원숭이로부터 진화했다면 인간의 존엄성이 상실될 것이라고 우려하였다. 이에 반해 성경이 증언하는 하나님의 형상으로서 인간이 지니는 존엄성과 진화라는 사실이 서로 대립하는 것만은 아니라는 것이 스트롱의 입장이었다. 진화라는 사실 자체는 문제가 될 것이 없었다. 이를 "신적 지성의 방법으로 간주"하기만 한다면 말이다.[19]

19 A.H. Strong, *Systematic Theology*, vol.3 (Westwood, N.J.: Fleming Revell, 1907), 473.: 프레데릭 그레고리, 「19세기 다윈의 진화론이 개신교 신학에

스트롱이 진화를 신의 개입에 의한 것으로 이해한 것과는 달리, 프레드릭 템플(Frederick Temple)은 진화 과정에서 신의 개입을 배제하더라도 진화의 메커니즘을 신과 연결지을 수 있다고 생각했다. 템플은 캔터베리의 대주교라는 영국 성공회 최고 위직에까지 올라간 인물로서, 19세기 중후반 영국 성공회를 대표하는 사람이다. 템플은 단지 진화론을 인정하는 데 그치지 않고, 진화에 대한 자연주의적인 해명방식까지도 거의 그대로 받아들이기까지 하였다. 이 점에서 템플은 스트롱보다도 훨씬 다윈의 본래적인 아이디어에 근접해 있었다고 말할 수 있다. 템플이 보기에 다윈의 진화론은 자연 현상에 대한 결정론적인 설명을 의미했다. 진화의 과정에는 신이 일일이 개입하지 않는다. 그보다는 진화의 과정은 인과율의 법칙으로서의 자연법칙에 의해 이루어진다. 우주의 현재 모습은 그에 앞서 선행하는 조건의 결과이며, 이런 점에서 생명의 진화는 신의 개입에 의해서가 아니라, 오직 자연의 결정론적 법칙에 의해 이루어진다.

위에서 요약된 템플의 입장은 그가 '이신론'(Deism)이라는 일종의 철학적 신관에 매우 근접해 있음을 보여준다. 이신론이란, 신의 존재를 인정하기는 하지만 신이 계시와 같은 특별한 방식으로 세계에 개입해 들어오지는 않으며, 세계는 창조 때 부여받

미친 영향」, 1999, 508쪽에서 재인용.

은 일종의 작동원리에 의해 스스로 돌아간다고 주장하는 일종의 철학적 신론이다. 마치 뛰어난 시계공이 시계를 만들고 태엽을 감아 놓으면 그 시계는 더 이상 시계공이 개입하지 않더라도 스스로 작동하는 것처럼 신과 세계의 관계도 그와 같다는 것이다. 이신론자들과 마찬가지로 템플은 신이 세계를 다스리는 일은 자연의 진행 과정에 임의적으로 개입하는 방식으로 이루어지지 않으며, 창조 때에 주입된 정교한 계획에 의해 세계가 작동하도록 하는 방식으로 이루어진다고 보았다. 그러니까 생명체의 발생 과정에 신이 직접 개입하지 않고 다만 선행하는 조건의 작용의 결과에 따라 이루어지는 일이라고 본다고 할 찌라도, 이것이 신에 대한 신앙과 반드시 충돌하지는 않는 것이었다.

템플의 입장은 명백히 이신론적이지만, 묘한 장점이 하나 있었다. 그것은 다윈의 자연선택론을 거의 그대로 받아들이면서도, 그 유물론적 성격을 상당부분 약화시킨다는 데 있다. 진화론은 생명체의 변이가 자연적으로 발생한다고 이야기하지만, 19세기 말까지도 사실 그 변이의 원인이 무엇인지를 구체적으로 설명하지는 못하는 상황이었다. 템플은 다윈주의의 약점을 미세하게 파고 들면서 그 변이의 궁극적인 원인을 태초의 창조행위 때 세계 안에 인과성의 질서를 부여해 넣은 신으로 설명함으로써 유물론적 진화론을 유신론적 신념과 조화시키고자 시도했던 것이다. 이로써 템플은 다윈이 아직 과학적으로 설명하지

못한 변이의 원인을 유신론적으로 설명할 수 있는 것처럼 보이게 했다.[20]

신학자였던 템플의 입장을 과학자였던 아사 그레이의 입장과 비교해 보면, 놀랍게도 템플이 보다 더 유연하게 다윈의 본래적인 생각을 수용했던 것으로 보인다. 그레이는 진화과정을 신의 계획에 의한 것으로 해석할 것을 제안한 반면, 템플은 훨씬 더 과감하게 생명의 진화는 오직 기계적인 법칙에 의해 진행된다고 인정했기 때문이다. 신이 자연세계 안에 개입하는 증거들을 발견하고자 해서는 안 된다는 템플의 태도는 헉슬리의 불가지론과 매우 유사하다. 성직자였음에도 불구하고 템플은 인과성의 원리에 의해 작동하는 자연을 해명함에 있어서 방법론적 무신론이 지니는 장점을 잘 이해하고 있었던 것으로 보인다. 과학의 방법론이 지니는 고유한 역할과 권한을 부정하지 않으면서, 다만 여전히 과학적으로 해명되지 않은 인과성의 최종적인 근원을 신으로 제안하는 방식을 통해 템플은 진화론에 일종의 신학적 세례를 부여했던 것이다. 핫지가 진화 자체를 부정하

20　이상의 내용은 템플이 1885년 옥스퍼드에서의 뱀튼 강연(Bampton Lecture)에서 "종교와 과학의 관계들"(The relations between religion and science)라는 제목으로 행한 강연의 축약본으로 아래의 문헌에서 참고하였다: 프레데릭 그레고리, 「19세기 다윈의 진화론이 개신교 신학에 미친 영향」, 1999, 510f. 템플의 뱀튼 강연의 전문은 다음의 사이트에서 확인할 수 있다: https://openlibrary.org/books/OL7250054M/The_relations_between_religion_and_science

는 극단적으로 보수적인 교회의 입장을 대변한다면, 스트롱은 진화를 부정하지는 않고 신적 계획과 섭리에 의한 것으로 수용할 것을 제안한다는 점에서 보다 유연하다. 여기에서 한 걸음 더 나아가서 템플은 진화 자체 안에서 신적 계획을 발견하는 것은 어렵다는 것을 인정하고 과학에게 자연에 대한 설명의 권한을 거의 넘겨준다는 점에서 아래에서 살펴볼 교회의 세 번째 입장과 거의 유사한 태도를 지닌다고 볼 수 있다.

셋째, 진화론을 포함하는 과학의 발전에 직면하여 자연에 대한 설명의 권리를 과학에게 양도해 버리고, 신을 오직 인간의 주관적 특징과 연결지어 이야기하려는 시도가 교회 안에 나타난다.[21] 이런 입장은 진화론을 포함하여 자연과학 전반이 지니는 자연주의적 경향을 전적으로 받아들이지는 않지만, 그럼에도 불구하고 신이라는 작업가설을 배제한 채 과학이 이루어 낸 놀라운 성과들을 부정할 수도 없는 일종의 진퇴양란에 빠진 채 인간의 주관적인 영역에로 퇴각을 시도하는 것이다.

핫지와 같은 극단적인 경우를 예외로 하면 진화에 대한 교회의 저항은 대체로 진화 자체보다는 진화에 대한 다윈의 자연주의적 설명에 기인한 것이었다. 신의 존재를 신앙하는 한 어떤 방식으로든 신과 신의 창조로 이해되는 자연을 서로 연관짓는

---

21  이하 아래의 내용에 대해서는 다음을 참고하라: 프레데릭 그레고리, 「19세기 다윈의 진화론이 개신교 신학에 미친 영향」, 1999, 514ff.

일은 불가피한 일이었다. 스트롱이나 템플 같은 사람들은 모두가 자신의 방식으로 이를 시도했다. 그런데, 아무리 자연도태나 기계론적 자연주의를 거부한다고 할 찌라도 자연주의적 방법론에 기초하여 자연에 대한 지식이 폭발적으로 증가했다는 사실만큼은 부정할 수가 없었고, 이에 따라 과학이 전제로 하는 일종의 자연주의를 부정하는 것이 더 이상 가능하지 않은 상황에 교회는 직면하고 말았다. 이런 상황 속에서 일단의 신학자들은 이제 신에 대한 이야기를 더 이상 자연과 연관짓지 않고, 대신에 인간의 양심, 종교성, 혹은 역사처럼 자연에게는 존재하지 않고 오직 인간의 고유한 영역인 것으로 간주되었던 주관적 영역에로 신학의 논의를 집중하는 방식으로 탈출구를 모색했다. 18세기 말부터 19세기 중엽까지 활동했던 슐라이어마허(F.D.E. Schleiermacher)의 영향권 아래에 있던 독일 신학자들과 이들을 따르는 교회가 대체로 이러한 입장을 취했다.[22] 이들은 오직 인과율의 법칙에 의해서만 작동하는 -그래서 신이 더 이상 개입할 여지가 없는- 자연의 영역과, 이에 반해 인간의 자유가 허락

---

22 슐라이어마허는 종교의 본질을 "절대의존의 감정"이라고 정의내림으로써 종교적인 개인들이 지니는 절대자에 대한 가장 직접적이고도 내밀한 주관적인 경험에 집중하도록 기독교의 방향을 전환시켰다. 이로 인해 창조자인 신이 피조물인 자연세계 안에서 어떻게 작용하는지와 같이 자연과학과 경쟁할 수 있을 만한 질문들은 슐라이어마허의 영향권 아래 서 있는 사람들에게서는 더 이상 기독교 신앙에 있어서 핵심적이지 않은 것으로 간주되었다.

될 수 있는 양심, 도덕, 역사의 진보와 같은 영역으로 대립적으로 구분한 후 오직 후자 안에서만 신의 활동을 이야기하는 방향으로 논의를 전환시켰던 것이다. 자연과 자유, 과학과 종교를 서로 독립적인 영역으로 구분함으로써 이들은 교회의 오래된 세계 이해에 대한 과학의 파상공세로부터 피난할 수 있는 도피처를 찾을 수는 있게 되었다. 하지만 이 같은 방향전환은 사실은 생명의 기원을 포함하는 자연에 대한 설명의 권한을 과학에게 완전히 양도할 수밖에 없게 된 교회의 현실을 반영한다.

## 20세기 이후 교회의 진화론 수용의 형태들

### 진화론에 대한 철저한 거부: 창조주의와 지적설계론

창조주의(creationism)

앞에서 살펴본 것처럼 찰스 핫지는 진화론의 자연선택 이론을 무신론으로 간주하면서 진화가 아니라 창조만이 기독교의 유일한 선택지라고 생각했다. 하지만 그렇다고 해서 핫지가 성경의 창세기에 기록된 6일 창조 이야기를 문자 그대로 받아들였던 것은 아니다. 그보다는 핫지는 성경에 나오는 하루는 일종의 긴 시대를 가리키는 것으로 해석하는 '날-시대' 이론 혹은 '간격' 이론을 주장했는데, 이는 19세기 중후반에 진화론을 거부했던 대부분의 기독교인들 사이에서도 거의 당연하게 받아들여지고 있었다.

하지만, 20세기 초엽부터 개신교 교회에는 핫지보다도 훨씬 보수적인 방식으로 성경의 창조이야기를 글자 그대로 받아들이면서 진화론이 과학적으로 잘못되었다고 주장하는 경향이 강력하게 대두된다. 이 같은 신념을 가리켜 자칭 타칭 '창조주의'라고 부르며, 이러한 신념을 지지하는 기독교인들을 가리켜 '창조주의자들'이라고 부른다. 이들로부터 소위 '과학적 창조주의'(scientific creationism) 혹은 '창조 과학'(creation science)이라는 독특한 교회 내 대중 운동이 형성된다. 이 운동은 오늘날까지도 보수적인 개신교인들 사이에서 상당히 큰 영향력을 행사하고 있으며, 특히 한국 개신교회 안에서의 영향력은 매우 큰 형편이다. 창조주의 혹은 창조과학을 이해하기 위해서는 먼저 이 운동에 기초를 놓은 조지 프라이스(George McCready Price)를 살펴보아야만 한다.

프라이스(1870~1963)는 예수의 재림이 임박했다고 가르쳤던 밀러(Miller)라는 사람으로부터 유래한 제7일안식일예수재림교회에서 신앙생활을 하였고, 이 교파를 이끌었던 엘렌 화이트(Ellen White)라는 여성 지도자로부터 큰 영향을 받았다. 마치 구약성서의 예언자들이 신으로부터 계시를 받은 것처럼 화이트는 자신도 성령에 의해 계시를 받았다고 주장하면서 임박한 종말을 가르쳤고, 특히 "안식일을 기억하여 거룩히 지키라"는 십계명의 제4계명을 문자 그대로 준수할 것을 요구하였다. 그녀는 환상 가운데 신이 6일 동안 창조하고 일곱 번째 날에 안식하던 태초의 창조의 첫 주의 모습을 직접 목격했다고 한다. 이 경험에 근거하여 화이트는 창세기에 기록된 하루는 우리가 오늘날 경험하는 하루와 문자적으로 완전히 일치한다고 주장하였고, 다윈 이전부터 지질학적 연구를 통해 지구의 나이가 성경에 기록된 것보다도 길 수밖에 없다고 제안했던 모든 사람들을 신앙이 없다며 비판했다. 화이트는 노아의 홍수 역시도 글자 그대로 받아들였다. 그녀는 노아의 홍수는 전지구적으로 광범위하게 발생했고, 지구상에 존재하는 모든 식물과 동물의 화석들 역시도 이 유일회적인 대격변을 통해서 생성된 것이라고 가르쳤다.[23]

프라이스는 제7일안식일교회의 교인으로서 평생 동안 화이트의 가르침을 충실하게 받아들였고, 그녀의 주장을 과학적으로 증명하는 것이 자기의 소명이라고 생각했다. 사실 프라이스는 과학적으로 훈련받은 사람은 아니었다. 공식 교육경력이래야 뉴브런스윅 지방 사범학교(오늘날 뉴브런스윅 대학)에서 1년짜리 교사교육을 받은 것이 전부였다. 이후 그는 여러 지역을 돌아다니며 교사생활을 하는 동안 독학으로 지질학 공부를 하면서 진화론을 논박할 수 있는 방법을 찾는 데 골몰했다. 프라이스는

---

23  화이트와 관련한 내용에 대해서는: 로널드 넘버스·신준호 옮김, 『창조론자들』, 2016, 194ff.

진화론의 기초는 화석을 담고 있는 여러 지층들이 아주 오랜 시간동안에 걸친 축적을 통해 생성된 것이라는 사실을 밝힌 지질학이고, 따라서 지층이 노아의 홍수와 같은 단 한 번의 격변을 통해 형성되었다는 사실을 밝히기만 하면 진화론 자체가 무너지고 말리라고 생각했다.

성경에 기록된 노아의 홍수로 인해 지구의 지질구조가 생성되었다는 것을 밝히는 자신의 작업을 가리켜 프라이스는 '홍수지질학'(Flood Geology)라고 불렀다. 1902년에 출판된 첫 작품인 『현대 기독교와 현대과학 개요』(*Outline of Modern Christianity and Modern Science*), 1923년에 출판된 자신의 대표작 『새로운 지질학』(*The New Geology*) 등에서 프라이스는 홍수지질학을 정당화하는 일에 사력을 다했다. 그에 의하면, 나이애가라 강의 협곡이나 그랜드캐년은 노아의 홍수의 결과이다. 알프스나 히말라야 같은 거대한 산맥들 역시도 노아의 홍수 동안 쌓인 퇴적층이 압력을 받아 만들어진 것이다. 이러한 대격변이 발생한 것은 어떤 '외부적인 힘', 즉 신의 힘이 지구를 쳐서 본래는 공전궤도상 수직이었던 지구의 지축을 23.5도 기울게 했기 때문이라고 프라이스는 주장하기도 했다.

자신의 기대와는 정반대로 프라이스는 냉소적인 반응 외에는 과학계로부터 아무 것도 얻지 못했다. 당연한 말이지만 지층이 오랜 기간에 걸쳐 형성된 것임을 보여주는 증거가 압도적이었기 때문일 뿐만 아니라, 그의 주장은 과학적 증거에 입각해 있다기보다는 성경의 기록을 정당화하기 위해 과학적 증거들을 외면하거나 왜곡함으로써 구축된 것이었기 때문이었다. 프라이스에게는 화이트로부터 배운 대로 성경의 기록을 글자 그대로 받아들이고 이를 정당화하는 것이 가장 중요한 과제였다. 그래서 -사실 성경은 지구의 나이에 대해서는 전혀 알려주지 않음에도 불구하고- 그는 보수적인 교회 안에서 전해오는 대로 지구의 나이가 6~7000년을 넘지 않는다는 '젊은 지구론'을 주장했고, 소위 홍수지질학을 통해 노아의 홍수를 증명하고 진화론을 반박하는 데 집중했을 뿐, 사실상 지층에 대한 새로운 지질학적 설명을 내어 놓지는 못했다.[24]

프라이스는 처음에는 그다지 주목을 받지 못했다. 하지만 1910년대에 미국 교회 내에서 근본주의 운동이 급격히 성장함에 따라 프라이스의 홍수지질학 역시도 교회 안에서 영향력을 얻어가게 된다. 근본주의 운동은 성경은 글자 하나 하나가 전적으로 신의 영감에 의해 기록되었고, 따라서 과학적으로도 역사적으로 오류가 없다는 성서무오설을 그 주요 원리로 삼고 발생한 초교파적인 대중적 신앙 운동이었다. 이 운동에 참여했던 보수적인 기독교인들은 프라이스의 홍수지질학이 진화론처럼

----

24  프라이스에 대한 이상의 내용은 다음의 책으로부터다: 로널드 넘버스·신준호 옮김, 『창조론자들』, 2016, 191ff.

무신론을 조장하는 근대사상으로부터 기독교의 진리를 옹호할 수 있다고 판단하고 이를 적극적으로 후원하고 수용하였다. 이로 인해 프라이스의 생각은 창조주의자들이 진화론을 반대하고 성경에 기록된 대로 이루어진 창조의 타당성을 주장할 때 기본 골조를 형성하는 내용이 된다.[25]

1920년대에 이르러서 근본주의 운동과 결합한 창조주의는 전국적으로 많은 지지자를 얻었고, 이에 힘을 입어 학교에서 진화론 교육을 금지하는 반진화론법을 입법시키는 데까지 이른다. 이 글의 서두에서 소개한 것처럼 테네시주에서는 1925년에 진화론 교육 금지법안이 통과되어 스콥스 재판을 촉발시켰다. 비록 스콥스 재판으로 인해 반진화론을 주장하는 근본주의자들과 창조주의자들의 평판이 악화된 것은 사실이지만, 이들의 열정은 결코 약화되지 않았다. 정반대로 시간이 지날수록 창조주의자들은 진화론이 과학적으로 거짓이며, 오히려 성경에 기록된 창조야말로 과학적으로 참되다는 것을 보여주기 위한 활동에 주력한다. 이를 위해 1963년에는 램머츠와 휘트컴 등이 중심

---

**25** 물론 모든 창조주의자들이 지구의 연대나 노아 홍수의 과학적 사실성에 대한 프라이스의 견해를 완전히 수용하는 것은 아니다. 예를 들어, 창조주의 운동의 지지자들 중에서는 날-시대 이론이나 간격이론 혹은 심지어는 유신론적 진화론을 인정하는 이들이 상당수 나타난다. 그럼에도 불구하고, 이들은 여전히 프라이스의 접근방식 자체(성서문자주의, 홍수지질학)를 일종의 준거점으로서 지닌다.

이 되어 '창조연구회'(Creation Research Society)를 설립하고, 모리스가 '창조연구소'(Institute for Creation Research)를 창립하는 등 일련의 창조주의 연구소들이 만들어지기에 이른다.[26]

이제 창조주의자들은 새로 세워진 연구소들을 중심으로 활동하면서 스스로를 '창조과학' 혹은 '과학적 창조주의'로 부르기 시작한다. 이렇게 '과학' 혹은 '과학적'이라는 개념이 추가된 것은 자신들이 진화론을 거부하는 반과학적인 집단이 아니라, 오히려 창조가 우주와 생명의 기원에 대한 하나의 과학적 모델로 제시될 수 있다는 것을 보여주려는 관심에 기인한 것이었다.[27] 이제 창조주의자들은 -자신들이 보기에는 과학적인 증거가 없는- 진화론이 학교에서 가르쳐질 수 있다면, 마찬가지로 창조도 대안적 설명모델로서 가르쳐질 수 있다고 보면서 지속적으로 공립학교들의 커리큘럼 안에 창조과학을 편입시키고자 시도하였다. 때로는 성공을 거두는 것처럼 보인 때도 있었지만, 일련의 재판을 거쳐 1997년에 창조과학은 법원의 판단에 따라 최종적으로 학교에서 퇴출되고 만다.[28]

세계와 인간의 기원이라는 문제와 관련하여 창조주의자들이

---

26 로널드 넘버스·신준호 옮김, 『창조론자들』, 2016, 537쪽, 662쪽.
27 위의 책, 566f.
28 존 벨라미 포스터 외 공저·박종일 옮김, 『다원주의와 지적 설계론』, 2008, 19쪽.

하나의 단일한 견해를 공유하고 있던 것은 아니었다. 이들은 모두가 진화론의 유물론적 성격을 거부한다는 점에 있어서는 일치했지만, 그렇다고 해서 모든 창조주의자들이 소위 홍수지질학과 젊은지구설을 지지했던 것은 아니다. 그러다보니 창조주의자들의 모임에서는 일종의 사상검증 작업이 종종 발생하곤 했다. 일례로 1963년 창조연구소를 세울 때 주도적인 인사들은 자신들이 작성한 신앙진술서에 동의하는 사람들만을 회원으로 받기로 했는데, 그 중 대표적인 내용은 다음과 같다:

1. 성경은 하나님의 말씀으로 쓰였으며 완전한 영감을 받은 것이기에, 애초의 원본 안에 들어 있는 성경의 모든 진술은 역사적으로 그리고 과학적으로 진리다.

2. 인간을 포함해서 모든 살아 있는 것들의 근본적인 유형은 창세기가 서술하는 창조의 한 주간 동안 하나님의 창조 행위에 의해 직접적으로 만들어졌다.

3. 보통 노아 홍수라고 말해지는 창세기가 서술하는 큰 홍수는 그것의 범위와 영향력이 전지구적이었던 역사적 사건이었다.[29]

위의 내용들은 과학연구소의 기본 정강이라기에는 너무나도 종교적인 내용을 담고 있는 것이 사실이다. 여기에서는 프라이스가 화이트로부터 배운 성서무오설(1번), 젊은 지구설(2번), 그

---

29  로널드 넘버스·신준호 옮김, 『창조론자들』, 2016, 540f.

리고 홍수지질학(3번)이 거의 똑같이 반복되고 있다. 그런데, 창조과학 운동에 참여한 이들이 젊은 지구설과 홍수지질학에 완전히 동의한 것은 아니었고, 이로 인해 창조과학 관련 단체들에서는 시간이 지남에 따라 이를 받아들이지 않는 회원들을 퇴출시키는 일들이 반복되곤 하였다. 이는 과학적인 이유에서가 아니라 성경에 기록된 대로 창조되었다는 사실을 받아들이지 않고 대신 날-시대 이론이나 간격 이론과 같이 일종의 성서에 대한 상이한 해석들을 수용할 경우 성경의 권위를 부정하는 것에 불과하다는 이들의 종교적 신념으로 인해 초래된 일이다. 과학 연구소에서 회원을 평가하는 기준이 과학적 자료에 기초한 판단이 아니라 성경에 대한 경직된 신념이라는 것은 매우 아이러니한 일이다.

아무튼 창조과학이 프라이스의 종교적 신념, 보다 근본적으로는 제7일안식일 예수재림교회의 가르침을 그 사상적 토대로 한다는 데에는 의심의 여지가 없다. 이에 일련의 전문적인 과학학회나 협회 등에서 창조과학을 과학이 아니라 '유사과학'에 불과하다고 평가내리고 있으며, 따라서 결코 과학 시간에 가르쳐질 수 없다는 결론을 내린 바 있다.


지적설계론

창조주의자들은 학교에서 창조를 가르칠 수 있는 기회를 얻게 되기를 갈망해 왔다. 하지만 1920년대부터 1990년대에 이르기까지 지속된 이들의 노력은 모두 수포로 돌아가고 말았다. 그 주된 이유는 국가와 종교의 분리라는 미국 수정헌법의 기본 원리에 따라 국가에 의해 운영되는 공교육에서 특정한 종교적 신념을 지지할 수는 없다는 것이었다. 창조과학은 진화론과 마찬가지로 과학으로서의 동등한 지위를 얻기를 바랐지만, 1990년대에 이르러 이 시도는 최종적으로 좌절되고 말았다.

이에 창조과학과는 다른 방식으로 공교육 시스템에 접근하려는 시도들이 나타나는데, 지적설계론(intelligent design)이 바로 그것이다. '지적설계'라는 표현은 딘 캐니언과 퍼시벌 데이비스가 1989년에 출판한 『판다와 인간』[30]에 처음으로 등장한다. 본래 이들은 창조과학 교과서를 출판하기 위한 목적으로 원고를 완성했으나, 당시 대법원에서 창조과학은 종교이지 과학이 아니라는 판결을 내리자 "창조"와 "창조주의자들"이라는 단어를 "지적설계"와 "설계의 지지자들"이라는 말로 바꾸어 책을 내어 놓았다.[31] 이 책 이후 창조자와 창조라는 개념을 공개적으로 사용하지 않고 대신에 생명을 설계한 지적인 행위자가 있다는 것을 주장하는 지적설계론 논의가 활발하게 일어나게 된다.

---

30  Percival Davis & Dean H. Kenyon, *Of Pandas and People: The Central Question of Biological Origins* (Dallas: Haughton Pub. Co., 1993)

31  로널드 넘버스·신준호 옮김, 『창조론자들』, 2016, 769f.

지적설계론 논의에 본격적으로 불을 붙인 사람은 버클리에 있는 캘리포니아 대학의 법학 교수인 필립 존슨(Philip Johnson)이다. 그는 안식년을 보내는 동안 도킨스의 『눈먼 시계공』을 읽고 진화론을 옹호하는 도킨스의 논리가 철저하게 진화론적, 자연주의적 전제에 기초하고 있을 뿐 진화의 명백한 증거를 제시하지는 못한다는 생각에 도달했다. 이후 존슨은 1991년에 『심판대의 다윈』을 출판하여 다윈주의는 진화의 사실적 증거를 아무것도 제시하지 못하며, 따라서 진화는 "상상속의 이야기이며, 하나의 창조신화"에 불과하다고 비판하였다.[32]

존슨은 진화론이 전제하고 있는 자연주의를 공격하면서 진화의 배후에 지적 설계자가 있음을 암시했지만, 사실상 그 자신은 법학교수였기 때문에 과학적 논거를 제시하는 데는 한계가 있었다. 이러한 한계는 1996년에 생화학자인 마이클 비히(Michael Behe)가 등장함에 따라 극복되는 것처럼 보였다. 비히는 1985년부터 미국의 리하이 대학(Lehigh University)에서 생화학을 가르치는 전문적인 과학자이다. 그는 1996년에 『다윈의 블랙박스』라는 책을 출판하여 생명체의 "환원불가능한 복잡성"(irreducible complexity)은 우연한 진화의 산물일 수가 없으며, 이를 설계한 대단히 지적인 설계자가 존재한다는 것을 암시한다고 주장했

---

32  필립 E. 존슨·이승엽, 이수현 옮김, 『심판대의 다윈: 지적 설계론 논쟁』, 까치글방, 2006, 188쪽.

다. 그 대표적인 예로 비히는 박테리아의 편모를 제시한다. 박테리아는 편모를 회전시켜 이동하는데, 이 편모는 이동을 위해 필요한 회전자, 고정자, 구동축 등 다양한 부품들로 구성되어 있는 정교한 기계와도 같다. 이렇게 복잡한 시스템은 모든 구성요소들이 정확하게 그 목적에 부합하도록 상호작용할 때에만 제대로 작동할 수 있으며, 이런 점에서 생명체는 환원불가능한 복잡성을 그 특징으로 한다. 이 복잡하고 정교한 생명시스템이 자연선택에 의해 우연히 형성되는 것은 불가능하며, 따라서 이를 설계한 매우 지적인 설계자가 있는 것이 분명하다는 것이다.[33] 사실 지적설계론자들의 주장은 그다지 새로울 것은 없다. 앞에서 우리는 다윈 이전의 자연연구의 주된 경향이었던 페일리의 자연신학을 살펴보았는데, 비히의 논리는 자연신학에 대한 생화학적 증거 제시라고 평가해도 무방하다. 비히가 "현대의 윌리엄 페일리"[34]라는 별명을 얻은 것은 당연한 일이다.

지적설계론자들은 '창조자'나 '창조'와 같은 명백히 종교적인

---

**33** Michael Behe, *Darwin's Black Box: The Biochemical Challenge to Evolution* (New York: The Free Press, 1996), 15; 39f. 한편, 비히가 재직하고 있는 리하이 대학의 생물학과는 자신의 의견을 표현하는 권리는 존중하지만, 지적설계론은 비히 "자신만의" 견해일 뿐 다윈 이후 140년간 축적된 연구성과에 기초한 진화론을 탐구하는 학과의 공식적인 입장이 아니라고 밝히고 있다: https://web.archive.org/web/20051013060737/http://www.lehigh.edu/~inbios/news/evolution.htm (2020년 3월 10일 접속)

**34** 로널드 넘버스·신준호 옮김, 『창조론자들』, 2016, 807쪽.

용어들을 사용하지 않으면서도 진화론의 자연주의를 비판할 수 있는 방안을 발견했고, 이를 통해 진화에 대한 설명이 반드시 무신론적일 필요가 없으며 오히려 지적인 설계자에 의한 것으로 설명하는 것이 하나의 과학적인 대안이 될 수 있는 것처럼 보이게 만드는 데 성공했다. 이후 지적설계론자들은 창조주의자들이 그랬던 것처럼 생명체에 대한 다양한 '과학적'인 설명방안의 하나로서 지적설계론을 학교에서 가르칠 것을 촉구했다.

창조주의가 그랬던 것처럼 지적설계론은 처음에는 상당한 성과를 거두는 것처럼 보였다. 1999년에 캔자스주 교육위원회는 지적설계론을 지지하는 한 위원의 제안을 받아들여 6대 4의 표결로 진화를 가르치는 것을 금지하는 결정을 내린다. 이와 유사한 결정이 위스콘신, 오하이오, 펜실베니아 등에서 이루어졌고, 급기야 지적설계론을 학교에서 가르쳐야 하는지의 문제가 법정에서 논의되기에 이른다. 이는 펜실베니아주의 도버 지역 교육위원회에서 다윈주의 뿐만 아니라 지적설계론 역시도 생명의 기원에 대한 하나의 설명으로 가르쳐져야 한다고 결정한 바 있는데, 이에 반대하는 학부모들이 소송을 제기하여 시작된 것이었다.

2005년 12월 20일에 소송을 심리한 존스 판사는 지적설계론은 "초자연적인 원인자"를 끌어들이고 있으며, 이에 "과학을 검증가능한 자연스러운 설명에 제한하는 필수적인 기초규칙을 충족시키지" 못하기 때문에 과학이 아니라고 판결했다. 따라서 지적설계론을 펜실베니아 주 교육위원회가 지지하는 것은 교회와 국가의 분리를 정한 미국헌법 수정안 제1조에 위배된다. 결론은 아주 명백하다: "공립학교의 과학수업시간에 지적설계론을 진화의 대안으로 가르치는 것은 헌법에 위배된다."[35] 비히는 다윈을 심판대 위에 세워 지적설계론의 정당성을 제시하고자 했지만, 정작 심판대 위에 섰던 것은 지적설계론이었다.

## 진화론에 대한 수용적 접근: 진화의 신학

창조주의와 지적설계론은 모두 다윈의 자연선택이론에 전제된 자연주의를 거부한다는 점에서 일치한다. 이들은 교회 내의 신앙운동으로 머무르는 데 만족하지 않고 공교육의 영역에서도 자리를 확보하고자 함으로써 소송까지 초래하는 등 사회적으로 큰 논란을 초래했다. 교회와 진화론은 서로 조화되지 않는다는 일반적인 이미지는 대체로 교회 측의 대응으로 인해 촉발된 갈등에 기인한다. 하지만 교회가 다윈의 진화론을 거부하기만 하는 것은 아니다. 오히려 교회 안에는 생명의 기원과 발전에 대한 진화론적 설명을 적극적으로 수용하는 경향도 분명히 존재한다.

---

**35** 위의 책, 827ff.

앞에서도 여러 번 언급되었지만, 진화라는 개념 자체가 창조자에 대한 교회의 신앙과 직접적으로 대립하는 것은 아니다. 교회의 신앙 전통 속에는 본래 신이 태초에 세계를 창조했다는 생각도 있지만, 동시에 신의 창조활동은 태초의 활동에만 제한되지 않고 오히려 그가 이미 창조한 것들을 기반으로 해서 지속적으로 창조활동을 이어가고 있다는 생각이 확고하게 자리잡고 있다. 전자는 '무로부터의 창조'(*creatio ex nihilo*)로서의 '태초의 창조'(*creatio originalis*)로, 후자는 '계속적인 창조'(*creatio continua*)라고 부른다. 전자의 경우는 성경에 명시적으로 기록되어 있는 표현은 아니지만, 초기 기독교 교회가 플라톤 철학이나 영지주의 같은 사상들과 조우하는 과정에서 세계의 기원에 대한 이들의 생각을 논박하는 과정에서 형성된 생각이다. 이런 신앙 고백에 따르면 신은 아무 것도 존재하지 않던 무로부터 이 세계가 생성되도록 태초에 창조하였다. 한편 계속적인 창조는 신의 창조활동은 태초의 창조에만 일회적으로 제한되지 않고 지속적인 창조활동을 통해서 그 이전에는 존재하지 않던 것들조차도 존재하도록 활동한다는 가르침을 내용으로 한다. 이를 토대로 본다면, 자연의 진화 과정 가운데 이전에는 존재하지 않던 새로운 생명종들이 나타난다는 진화론의 기본 아이디어는 계속적인 창조라는 개념 가운데에 쉽게 수용될 수 있는 것이었다.

진화라는 개념 자체보다도 기독교인들에게 더 문제가 되었던 것은 '자연선택'이라는 개념이었다. 이 개념은 자연세계를 신의 피조물이자 창조자의 지속적인 활동영역으로 이해하는 기독교의 세계이해와 거의 조화될 수 없는 것처럼 보이는 것이 사실이다. 하지만, 기독교 역사 가운데에서 가장 중요한 사상가라고 해도 과언이 아닌 아우구스티누스 같은 사람조차도 신은 창조 때에 앞으로 세계가 운행하고 생명체가 나타날 토대가 되는 이성적 씨앗을 그 가운데 심어 두었다고 가르친 바 있다. 그러니까 신이 일일이 자연세계 안에 기적적인 방식으로 개입하지 않더라도 세계의 운행이나 생명체의 출현과 같은 일들은 태초에 신에 의해 주어진 일종의 사전 프로그램에 따라 작동하게 된다는 것이다. 물론 이런 주장이 이신론적 특징을 지니는 것은 사실이지만, 핵심은 진화론이나 자연선택을 비교적 용이하게 받아들일 수 있게 하는 토대들은 기독교 교회 안에 이미 충분히 갖추어져 있었다는 것이다.

이런 측면에서 보자면 창조주의나 지적설계론과 같은 배타적인 태도들은 교회가 진화론에 대해 취할 수 있는 유일한 선택지였던 것은 아니었다. 만일 교회가 자신의 역사 가운데 축적되어 왔던 지적인 유산들에 좀 더 주목했더라면, 과학과의 불필요한 충돌과 이로 인해 교회에 대한 사회의 지적인 불신이 확산되는 것을 방지할 수도 있었을 것이라는 아쉬움이 남는 것은 사실이다. 다행히도 오늘날 교회 안에는 생명의 기원과 다양화, 복잡화에 대한 진화론적 설명방식들을 수용하면서도 이를 창조자인 신의 활동과 연결하여 설명해 보려는 다양한 시도들이 활발하게 이루어지고 있다. 이는 넓게 보자면 자연과학과 신학의 대화를 시도하는 '과학신학'(science theology)이라는 범주 안에서 이루어지고 있고, 생물학의 분야로 좀 더 범위를 좁혀 보면 일종의 '진화의 신학'(theology of evolution)이 진행되곤 한다. 이를 한정된 지면에 모두 다룰 수는 없기 때문에 아래에서는 간략히 진화의 신학이 어떻게 과학을 수용하면서도 과학의 자연주의적 한계를 넘어서고자 하는 지를 묘사하는 것으로 제한하고자 한다.

앞에서도 살펴본 것처럼 교회는 그 신앙적 전제상 자연세계에 대한 순수한 유물론적 해명을 받아들이는 것은 불가능한 것이 사실이다. 따라서 생명체의 기원에 대한 진화론적 설명에 대한 일종의 유신론적 해석은 교회에게 있어서는 불가피한 일이라 하지 않을 수 없다. 하지만 이런 시도들이 창조주의나 지적 설계론과 동일한 관심사를 지니는 것은 아니다. 그 이유는 대체로 다음과 같이 간단히 정리할 수 있다.

첫째, 진화의 신학은 스스로를 자연세계에 대한 '과학적'인 설명방식으로 이해하지 않는다는 점에서 창조주의와 구별된다. 창조과학과 지적설계론이 스스로를 대안적인 과학모델로 제시하면서 진화론 그 자체를 대체할 것을 시도하는 것에 반해 진화의 신학은 스스로를 '과학'이 아니라 어디까지나 과학의 성과를 수용하면서 신에 대한 교회의 신앙을 재진술하고자 하는 '신학적' 작업으로, 즉 교회의 신앙의 테두리 안에 머무르고자 한다는 점에서 창조과학이나 지적설계론과는 구별된다.

둘째, 진화의 신학은 자연과학의 방법론적 무신론을 부정하지 않고 그것이 현상세계의 특징에 부합하는 타당한 방법론이자 설명방식이라는 것을 인정한다. 생명을 포함하여 자연 안의 모든 현상들은 자연주의적인 방식으로 설명되는 것이 당연하다. 하지만, 이 세계에 대한 자연주의적, 혹은 유물론적 설명이 유일한 설명 방식인 것만은 결코 아니다. 과학은 자연주의적 방식으로 세계가 작동하는 '방식'에 대해 설명해 줄 수 있지만, 그것이 곧 이 세계의 '의미'가 무엇인지에 대한 설명을 대체하는 것은 아니다. 예를 들자면, 윤동주의 시집은 잉크와 종이로 이루어져 있는 것이 사실이지만(자연과학적 설명), 이 책은 단지 종이와 잉크에 불과한 것이 아니고 일본 제국주의 치하 식민지에서 살아가는 젊은이의 고뇌하는 영혼을(인문학적 설명) 담고 있기도 하다. 마찬가지로 진화의 신학은 인간의 출현이 긴 진화의 역사를 거친 것임을 인정하면서도, 이 인간이 신과 어떤 관계 가운데 있으며, 이 신과의 관계 가운데에서 그의 삶의 방향이 무엇이어야 하는 지에 대한 의미 깊은 이야기를 제공할 수 있다고 여긴다. 이렇게 자연과학이 설명하는 영역과 신학이 혹은 신앙이 제공하는 설명은 서로 상이한 영역을 다룬다는 입장을

가리켜 '설명의 계층구조'라고 부른다.[36]

설명의 계층구조라는 아이디어는 자연과학에게는 거의 필연적이라고 할 수 있는 방법론적 자연주의를 받아들이면서도, 우리가 살아가는 세계와 생명에 대한 과도한 환원주의를 넘어설 수 있는 실재에 대한 이해의 방법을 제시해준다. 사실 교회와 과학이 충돌하는 것은 한편으로는 교회 안에서 전해지는 전통적인 세계이해를 교회가 너무 엄격하게 고수하려 하기 때문에 발생하는 것이 사실이다. 하지만 다른 한편으로는 교회 안에 나타나는 일종의 반과학주의는 과학적 발견에 기초하여 무신론을 공공연하게 전파하고, 종교적 신념들을 조롱하기까지 하는 과학자들의 태도에도 상당 부분 기인하는 것도 사실이다. 예를 들어, 도킨스는 『눈먼 시계공』[37]이나 『만들어진 신』[38]과 같은 대중적으로 널리 알려진 책들에서 공공연하게 유신론적 신념을 조롱하곤 한다. 물론 이 책들은 소위 지적설계론이 종교의 영역

---

36  존 호트/신재식 옮김, 『신과 진화에 관한 101가지 질문』(2004), 104f. 사실 이러한 입장은 스티븐 제이 굴드가 창조주의자들로 인해 초래된 재판 과정에서 과학자의 입장에서 과학과 종교의 차이에 대해 밝힌 내용이기도 하다: "과학의 교도권은 실험 영역에 걸쳐 있다. 곧 우주가 무엇으로 이루어져 있는가(사실)와 '왜 우주는 이런 식으로 움직이는가(이론)' 하는 문제들을 다룬다. 종교의 교권역은 궁극적인 의미와 도덕적 가치에 대한 질문들에 닿아 있다." Stephen J. Gould, *Rocks of Ages: Science and Religion and the Fullness of Life* (New York: Ballantine, 1999), 6.

37  리처드 도킨스·이용철 옮김, 『눈먼 시계공』, 사이언스북스, 2004.

38  리처드 도킨스·이한음 옮김, 『만들어진 신』, 김영사, 2007.

을 넘어 과학의 자리를 넘보는 시대적 상황에서 과학의 정당성을 옹호하려는 동기를 지니는 것도 사실이다. 하지만 그럼에도 불구하고 모든 종교적 신념이 과학적 성과를 부정하는 창조주의나 지적설계론으로 직접 이어지는 것은 아님에도 불구하고, 도킨스와 같은 이들은 종교적 신념에 대해 무차별적으로 적대적인 입장을 취하곤 한다. 생명에 대한 진화론적 설명을 다룬 자신의 책을 읽고 나면 "누구든지 무신론자가 되어 있을 것"이라는 표현은 일부 과학자들이 지니는 반종교적 태도를 잘 보여준다.

하지만 기독교 신앙이 반드시 반진화론과 연결되는 것도 아니고, 진화론을 수용한다고 해서 그것이 곧바로 유신론적 신념의 폐기로 이어져야 하는 것도 아니다. 오히려 오늘날 과학신학이나 진화의 신학을 시도하는 주요한 신학자들은 과학에 있어서 전문적인 훈련을 받은 사람들임에도 불구하고, 이 과학적 성과들을 세계를 돌보는 창조자의 사랑이라는 오래된 교회의 믿음과 적절히 연결할 수 있는 방안을 모색하고 있다. 과학이 사실에 대한 설명을 제공하는 것이라면, 신앙은 과학이 해명해 주는 이 세계의 현실을 신의 돌봄과 인도함이라는 틀 안에서 재해석함으로써 인간의 삶의 의미와 방향을 제시할 수도 있는 것이다. 설명의 계층구조는 이렇게 교회 안에 만연한 반진화론과 과학 안에 만연한 반종교적 태도 모두를 넘어설 수 있는

가능성을 제공해 준다.

## 한국 교회 내 반진화론 경향의 사례들

진화론에 대한 한국교회의 반응은 『종의 기원』 이후 서구교회 안에서 발생한 일련의 경향들과 유사한 패턴을 지니는데, 이는 한국의 기독교가 서구 선교사들에 의해 전래되었다는 것과 무관하지 않은 것으로 보인다. 한국교회 안에서 진화론은 1920년대에 처음 논의되기 시작하는데 진화론으로부터 무신론적 자연주의를 제거하고 진화를 하나의 과학적 사실로 수용하는 입장과, 반면에 진화론은 그 자체가 무신론으로서 창조자에 대한 신앙과 양립할 수 없다는 반대의 입장으로 나뉜다. 이 두 입장은 모두 한국에서 최초로 세워진 개신교 신학교육기관인 평양신학교에서 가르쳤던 미국인 선교사들에 의해 소개되었다. 어도만(Erdman)과 이눌서(Reynolds) 등은 다윈에게 자기의 진화론 논문을 보냈던 바로 그 월리스의 자연신학적 관점에 입각하여 진화와 창조가 공존할 수 있다고 가르쳤다.[39] 반면, 함일돈 (Hamilton)은 앞의 두 사람에 비해 보다 근본주의 진영에 가까운 입장이었기에, 진화론 뿐만 아니라 교회 내 진화론 수용주의자들에 대해서도 매우 비판적이었다.[40]

---

**39** 최태연, 「한국에서의 유신진화론 논쟁」, 『신앙과 학문』 9, 2004, 267-293쪽, 270ff.

한국교회 안에서 진화론에 대한 반대가 뿌리내리도록 한 대
표적인 인물은 박형룡이다. 박형룡은 당시 평양에 있던 숭실대
학교와 한국 최초의 장로교회 신학교인 평양신학교에서 공부한
후 미국의 프린스턴 신학교에서 수학하였고 최종적으로는 남침
례교 신학교에서 1933년에 철학박사 학위를 취득하였다. 유학
할 당시 박형룡이 진화론에 대해 취했던 태도는 이중적이다.
왜냐하면, 박형룡은 박사학위 논문에서는 진화를 신에 의해 인
도되는 것으로 해석하는 유신진화론을 수용하는 듯한 태도를
보였던 것에 반해서, 동일한 시기에 창조주의의 선구자인 프라
이스의 논문을 번역하여 소개하였기 때문이다.[41] 얼마 지나지
않아 박형룡은 진화론의 자연주의만 부정하는 것이 아니라 진
화 자체가 사실일 수 없다고 주장하면서 진화론에 대한 기독교
적 수용도 철저히 부정하는 쪽으로 자신의 입장을 분명히 밝힌
다. 이는 박형룡이 성서무오설을 가르치는 근본주의를 자신의
것으로 받아들였기 때문이다. 성서가 인간이 하나님의 형상이
며 그에게 신이 영혼을 만들어 넣었다고 말하고 있는 한, 성서가
참되다고 신앙하는 사람에게는 자연주의는 물론이고 진화 자체
도 받아들일 수 있는 여지는 없다는 것이다.[42] 박형룡은 프라이

---

40  이진구, 「해방 이전 한국개신교의 진화론 인식」, 『종교연구』 77, 2017,
    159-190쪽, 168f.
41  최태연, 「한국에서의 유신진화론 논쟁」, 2004, 275쪽.

교회와 진화론의 만남: 교회의 상호 메타모르포시스, 그 역사와 전망  **169**

스의 논문을 번역함으로써 한국교회 내에서 근본주의와 결합한 창조주의가 뿌리내릴 수 기초를 마련했다.

박형룡의 영향 아래에서 한국교회 안에는 성경에 입각해서 진화론을 거부하는 경향이 일종의 정통신앙으로 간주되어 더욱 확대되어간다. 그러던 중 1981년에 '한국창조과학회'가 설립되면서 창조과학 운동은 대형교회들을 중심으로 급속히 번져나가게 된다. 당시 한국창조과학회 설립에 참여했던 멤버들 중에는 KAIST 소속 교원이거나 대학에서 이·공학을 가르치는 과학 분야의 전문가들이 상당수 포진하고 있었는데, 이처럼 대학교수들이 창조과학회 설립에 다수 참여했다는 사실은 이 운동이 교회 안에서 신뢰를 얻는 데 크게 기여하였다. 미국의 창조과학자들이 그랬던 것처럼 한국창조과학회는 그 핵심 내용에 있어서는 프라이스의 주장을 거의 그대로 수용하고 있다. 지구의 나이가 만년이 되지 않는다는 젊은 지구론, 노아의 홍수의 역사적 사실성에 대한 믿음과 이에 기초한 홍수 지질학, 신에 의한 인간의 직접적인 창조 등은 거의 동일하게 반복된다.[43]

---

42  이진구, 「해방 이전 한국개신교의 진화론 인식」, 『종교연구』 77, 2017, 170f.
43  고신대학교 의대 교수이자 당시 한국창조과학회 부회장이었던 정병갑은 미국 창조연구소가 출판한 창조과학 교과서를 번역하여 2016년에 출판하였는데, 여기에서는 명시적으로 "지구의 나이는 6,000년 정도 되었다"고 기록하고 있다. 미국창조과학연구소·정병갑 옮김, 『창조과학백과』, 생명의 말씀사, 2016, 102쪽.

한국창조과학회는 설립 초기에는 상당한 수준의 단일대오를 형성하면서 세력을 확장시켜갔으나 지도부의 일방성, 일련의 대형 프로젝트(예를 들어 노아의 방주 전시관 건축)의 실패 등으로 인해 1990년대 말에 이르러서는 처음과 같은 활력을 유지하지는 못하였다. 그러던 중 2003년 경에 한국창조과학회 설립 초창기부터 실무적인 면에서 기여했던 양승훈이 한국창조과학회의 '정통' 신조와는 달리 '창조론 오픈포럼'이라는 모임을 결성하고 이곳에서 젊은 지구 창조론과 대립되는 오랜 지구론과 다중격변설을 주장하게 된다. 이에 한국창조과학회는 2008년 8월에 양승훈을 제명시킨다.[44] 사실 양승훈의 제명은 순전히 한국창조과학회 내부의 논쟁으로 사회적으로나 혹은 신학적으로 큰 의의가 있는 사건은 아니지만 적어도 한국창조과학회가 미국의 창조주의 운동이 걸어간 길을 거의 그대로 답습하고 있다는 것을 보여주는 사례이다. 미국의 창조연구소에서 프라이스의 성서무오설, 젊은지구론, 홍수지질학에 입각해 이를 수용하지 않는 이들을 제명한 것과 똑같은 일이 한국창조과학회에서도 반복되고 있는 것이다.

한국창조과학회에는 미국의 창조과학 진영에서는 좀처럼 찾아보기 힘든 매우 독특한 특징이 하나 있는데, 그것은 이들이

---

44  양승훈, 「한국에서의 창조론 운동」, 『창조론오픈포럼』 12, 2018, 5-51쪽, 43쪽.

지적설계론을 매우 적극적으로 활용하려고 한다는 점이다. 사실 지적설계론자인 필립 존슨은 『심판대의 다윈』에서 창조과학에 대한 혐오를 노골적으로 드러낸 바 있다. 그는 창조과학 운동으로 인해 진화의 자연주의를 반대하는 일이 마치 젊은 지구론과 노아의 홍수의 역사성을 그대로 주장하는 것과 동일시되고 있는 현재의 "혼란을 바로잡는 것"[45]이 자신이 목표하는 바의 하나라고 밝힌다. 반면, 미국의 창조과학 진영에서는 지적설계론에 대해 매우 의심스러운 시선을 거두지 않는다. 왜냐하면, 설령 생명체의 구조적 복잡성으로부터 출발하여 지적 설계자를 논증할 수 있다고 하더라도, 이 최종 설계자가 반드시 기독교가 믿는 신이라는 보장은 없기 때문이다.

반면 한국창조과학회는 특이하게도 생명체를 포함하는 온 우주 안에 담겨있는 질서와 조화가 "우연이 아닌 지적설계의 결과라는 것을 과학적인 증거를 통해" 제시하고, 이를 통해 "'성경적 창조신앙'을 회복"하는 것을 지향한다고 명시하고 있다.[46] 양승훈이 한국창조과학회로부터 제명된 이유가 젊은 지구론과 노아의 홍수라는 단일격변설을 부정하기 때문이었다는 것을 염두에 두면, 소위 '성경적 창조신앙'이란 젊은 지구설을 의미한다. 하지만 성서문자주의에 입각한 젊은 지구설은 긴 진화의 과정을

45  필립 E. 존슨·이승엽, 이수현 옮김, 『심판대의 다윈』, 2006, 14쪽.
46  http://creation.kr/intro (2020년 3월 10일 접속)

인정하면서도 이를 설계자에 의해 비롯된 것으로 해석하는 지적설계론과 논리적으로 양립할 수 없는 입장이다.[47] 그럼에도 불구하고 한국창조과학회 안에 소위 '성경적 창조신앙'과 지적설계론이 공존하는 것은 자신들이 주장하는 것에 대한 치밀한 이해가 내부적으로 부족하다는 것을 방증하는 것으로 보인다. 이들은 대체로 진화론과 진화론을 기독교적인 방식으로 수용하는 소위 유신진화론에 반대하는 것을 창조신앙과 동일시하고 있는 것으로 보인다.

미국에서 그런 것처럼 한국의 창조주의자들도 진화는 전혀 증거가 없다고 믿으며, 따라서 진화론은 과학적으로 거짓이라는 주장을 대중들에게 각인시키기 위해 노력한다. 그 방안으로는 기독교인들을 대상으로 한 대중강연과 창조주의 문서 출판이 주를 이루며, 일부는 학교에서의 진화론 교육을 중단시키기 위한 단체를 결성하여 진화론을 생물학 교과서에서 삭제하는 것을 시도하기도 한다. 그 대표적인 단체가 한국창조과학회에서 갈라져 나온 '교과서진화론개정추진위원회'(교진추)인데, 이

---

[47] 한국창조과학회의 한 열성 회원은 "간격설, 날-연대설, 진행적[점진적] 창조론 등" 모두를 유신진화론으로 분류하고 비판한다. 그에 의하면, 젊은 지구설만이 성서적 창조론이며 나머지 유신진화론은 모두 말세에 교회에 침투한 "양의 가죽을 쓴 이리"에 불과하다. 이에 대한 투쟁은 "영혼을 죽이고 살리는 처절한 영적전투"이다: 임번삼, "지상강좌: 진화론, 창조론, 그리고 유신진화론.": http://www.kacr.or.kr/library/print.asp?no=534 (2020년 3월 12일 접속)

들은 2011년에 시조새와 말의 진화에 대한 내용을 삭제할 것을 청원한 바 있다. 하지만 네이처와 같은 해외 및 국내의 과학저널들과 과학학회들의 항의에 의해 이 시도가 저지되었다. 이후 교진추의 활동이 사회적으로 큰 논쟁을 초래하는 일은 아직까지는 발생하지 않았다.

교진추의 경우를 제외하면 한국에서 창조주의가 사회적으로 논란을 일으킨 경우는 그다지 많지 않으며, 그것이 미치는 파장의 범위도 제한적이다. 이는 미국에서의 경우와는 달리 한국에서 개신교가 큰 사회적 영향력을 지니지 못하고 있기 때문인 것으로 분석할 수 있다. 비록 미국도 다종교사회이긴 하지만 미국에서 기독교는 여전히 사회구성원들의 삶에 큰 영향을 끼치는 시민종교로서 기능하고 있으며, 따라서 창조주의자들의 견해들이 보수적인 시민들에게 미치는 영향도 상대적으로 크다. 이에 반해 한국은 기본적으로 다종교 사회인데다가 기독교는 외래종교이기 때문에 그 사회적인 영향력이 제한적이다. 비록 창조주의가 보수적인 기독교인들 사이에서는 상당한 영향력을 행사하고 있지만, 이는 그 과학적 논거 때문이라기 보다는 성서에 대한 문자적 이해가 한국교회 안에서 대중적으로 받아들여지고 있기 때문이라고 보아야 한다.

# 교회의 진화론 거부에 대한 사회학적 분석

## 교회 내 반근대주의의 일환으로서의 창조주의

창조주의와 지적설계론은 그 구체적인 주장에 있어서는 차이가 있지만, 생명의 기원과 다양화 과정에 대한 자연주의적인 진화론적 설명을 거부한다는 점에 있어서만큼은 의견을 같이한다. 이들은 모두 다윈 이후 자연에 대한 지적 탐구활동이 '과학'이라는 명칭으로 분류되기 위해 받아들여진 방법론적 자연주의를 곧바로 형이상학적 무신론으로 간주한다. 이들의 관점에 의하면, 생명체의 기원과 발생에 대한 진화론적 설명이 실제로는 하나의 세계관이나 형이상학적(즉 무신론적) 전제에 지나지 않음에 불구함에도 과학의 이름으로 가르쳐지는 것이라면, 역시 또 하나의 세계관이나 형이상학적(즉 유신론적) 전제에 기초한 창조과학이나 지적설계론도 대안적인 과학모델로 가르쳐져야 한다는 것이다. 하지만 이 같은 태도는 과학을 과학이게 하는 '방법론'과 '형이상학'을 구분하지 못한다는 점에서 범주 착오적이고, 과학적 방법론을 끊임없이 부정한다는 점에서 반과학적이라는 평가를 들을 수밖에 없다.

그런데, 과학에 대한 이들의 부정적인 태도는 한편으로는 과학의 방법론에 대한 오해에 기인하지만, 보다 근원적으로는 이들이 성서에 대한 문자주의적 이해를 벗어나지 못하고 있는데 기인한다. 물론 지적설계론은 성서에 대한 문자주의적 이해

를 강력하게 내세우지는 않는다. 하지만 그럼에도 불구하고 성
서에 명시된 창조 신앙이 자연에 대한 과학적 탐구의 진위를
평가하는 지표가 된다는 점에서 지적설계론의 기저에는 여전히
성서의 창조 이야기에 대한 특정 수준의 문자적 이해가 자리하
고 있다. 노아의 홍수가 성경에 기록된 그대로 실제로 발생했다
고 주장하는 창조주의자들이 철저히 근본주의적인 성서문자주
의에 기초한다는 것은 재론의 여지가 없다.

창조주의자들은 대부분 창세기에 기록된 창조이야기를 글자
그대로 받아들여야 한다고 주장한다. 물론 이들 사이에서도 글
자 그대로 받아들인다는 것의 범위가 어디까지인지에 대해서는
합의가 잘 이루어지지 않는다는 것은 앞에서 이미 살펴보았다.
아무튼 창조주의자들은 세상과 생명종을 현재의 형태 그대로
신이 6일 동안 창조했다고 주장한다는 점에서 근본주의적인
성서문자주의에 기초해 있는 것이 사실이다. 이들의 문헌 속에
는 성경의 첫 번째 책인 창세기를 그대로 믿을 수 있다면 그
뒤에 이어지는 모든 계시의 내용들이 받아들여질 수 있지만,
창세기를 글자 그대로 믿지 않는다면 결국에는 기독교 신앙에
대한 부정과 무신론에 빠질 수밖에 없다는 일종의 선언적 표현이
자주 등장한다.[48] 성경의 첫 번째 책인, 그래서 성경에 등장하는

---

48 "만일 당신이 창세기를 글자 그대로 읽는다면, 당신은 계시를 더욱 글자 그
　대로 수용하게 될 것이다." 로널드 넘버스·신준호 옮김, 『창조론자들』

모든 책들 중 가장 오래된 창세기를 문자 그대로 받아들이는지의 여부는 이들에게 신앙을 평가하는 핵심적인 지표인 것이다.

하지만, 창조주의자들을 포함하는 근본주의자들에게 전반적으로 나타나는 성서문자주의가 성서에 대한 교회의 표준적인 태도인 것은 아니다. 사실 성서문자주의는 19세기 말과 20세기 초에야 비로소 등장한 것으로, 2000년에 걸친 교회의 역사와 비교해 보면 새롭게 나타난 매우 독특한 관점이다. 성서문자주의는 19세기 중엽 이후 교회의 엘리트 식자층, 즉 성서에 대한 근대적인 연구방식을 습득한 신학자들 사이에서 급격히 퍼져나간 역사비평적 성서이해(historical-critical approach)에 대한 반감으로 발생한 교회 내부의 대중적 반작용으로서의 성격을 띤다.

성서에 대한 역사비평적 접근은 성서를 하나의 역사적 문헌으로 간주하고 현재의 형태로 전승된 텍스트를 비판적으로 분석하여 텍스트들의 형성시기와 장소, 전승과정 및 편집과정 등을 비판적으로 검토한다. 그 연구 결과에 의하면, 창세기 1장~2장에 나타나는 신의 세계창조 이야기는 하나의 단일한 텍스트가 아니라, 서로 다른 시대에 생성되고 편집된 문헌이다. 6일 창조 이야기가 기록된 창 1장 1절에서부터 2장 4절의 상반절은

(2016), 780쪽; "성경이 오류가 없는 하나님의 말씀이라는 믿음을 지키지 못하고 한 발씩 물러서게 되면, 결국 모든 것을 잃게 된다는 사실을 명심해야 한다." 한국창조과학회 엮음, 『당신이 몰랐던 유신진화론』, 세창미디어, 2016, 37쪽.

기원전 6세기경 제사장 그룹에 의해, 반면 2장 4절의 하번절에서부터 23절은 기원적 9세기 경에 생성되었다. 전자는 제사장(Priester)들을 통해 만들어졌기에 P자료라고 하고, 후자는 신을 야훼(Jahweh)라고 부르는 특징을 지니고 있기에 J자료라고 부른다. P와 J는 창조의 과정, 노아의 홍수에 대한 묘사, 방주에 들어간 짐승의 수 등에 있어서 상이한 내용을 전달하고 있다.[49]

19세기 중반 이후 급격히 발달한 역사비평적 연구는 마치 지층을 걷어내고 오래된 화석들을 발굴하는 것처럼 성서의 문자 아래에 깔려 있는 역사적 사건과 복잡한 텍스트의 형성 과정 등에 대한 지식을 대폭 확장시켰다. 창세기를 포함한 성서의 첫 다섯 권의 책은 모세오경이라고 부르는데, 이는 이 책들을 모세가 직접 기록했다는 유대교 및 기독교의 오래된 신앙전통에 기초한 것이었다. 반면, 역사비평적 연구는 모세오경이 여러 시대와 여러 지역에 걸쳐서 발생한 구두전승과 편집 등의 긴 과정의 산물이라는 것을 밝혀내었고, 이로써 교회 안에서 2천년 가까이 통용되어 오던 모세오경의 모세저작설은 붕괴되고 만

---

49  창 6:19-20; 7:14-16에 의하면 동물 한 쌍씩 방주에 들어간다. 반면, 7:2은 정결한 동물은 일곱 쌍, 부정한 동물은 두 쌍씩이 방주로 들어간 것으로 묘사한다. 성서에 대한 역사비평적 접근은 성서에 나타나는 이러한 불일치나 용어의 비일관성 등을 합리적인 방식으로 해명하려는 동기에서 비롯되었다. 위에서 언급한 창세기 분류와 역사비평에 대해서는: 스티븐 헤이네스·스티븐 매켄지 엮음·김은규, 김수남 옮김,『성서비평 방법론과 그 적용: 역사비평에서 사회과학적 비평을 거쳐 해체주의 비평까지』(대한기독교서회, 1997), 68ff.

다. 이로 인해 역사비평적 연구는 교회의 전통적인 신앙에 익숙해 있던 신자들에게는 자연스럽게 교회의 신앙을 뒤흔드는 교회 내부의 적으로 간주되었고 이는 오늘날에도 마찬가지이다.

19세기 말 서구에서는 계몽주의와 근대의 합리화의 영향으로 전통적인 종교관과 세계관, 그리고 윤리가 붕괴되고 개인의 자율성과 책임을 강조하는 새로운 문화가 형성되어 간다. 역사비평적 연구 역시 교회의 전통적인 신앙의 내용을 단순히 답습하는 것을 중단하고, 성서에 대한 역사적 분석을 통해 근대 시대에 적합한 기독교 신앙의 형태를 재형성하고자 하는 교회 내 지성인 계층에 의해 이루어진 시도들이다. 이에 반해 교회 내부의 다수 대중들은 이러한 사회와 교회의 근대화 작업이 곧 신앙에 대한 거부와 윤리의 파괴, 그리고 최종적으로는 무신론의 승리로 귀결되고 말 것이라고 두려워하였다. 따라서 19세기 말 교회 내부에서는 근대적 변화와 더불어 발생한 교회와 사회, 과학의 발달을 수용하는 것을 거부하고, 기존의 전통적인 관습을 더욱 강화함으로써 자신의 정체성을 유지하려는 경향이 나타난다. 그 중 가장 대표적인 경우가 바로 1870년에 가톨릭교회가 발표한 교황무오설과 동일한 시대에 개신교회 안에 강력하게 대두된 성서무오설이다.[50] 가톨릭교회와 개신교회는 모두 각자의

---

50  다니엘 밀리오리·신옥수, 백충현 옮김, 『기독교 조직신학개론』, 새물결플러스, 2012, 100쪽.

전통 속에서 강조되던 요소들을 절대화함으로써 근대 이후 교회 안팎에서 제기되는 변화의 요구들을 억누르고 정체성을 수호하고자 했던 것이다.

이 맥락에서 보자면 창조주의는 진화론의 진위를 검증하려는 하나의 과학적 논의가 결코 아니고, 성서문자주의에 기초하고 있는 교회 내 반근대주의 운동의 일환이다. 이들 반근대주의자들은 전통적인 종교적 신념과 배치되는 학문의 발전, 개인의 자유의 신장, 노동자들의 권리 추구 등을 모두 악마적인 것으로 간주하는 경향이 다분하였다. 가톨릭교회의 경우 교황 피우스 9세는 1864년에 근대오류목록(Syllabus errorum modernorum)을 발표하여, 진화론, 사회주의, 종교의 자유와 같은 근대의 경향들을 정죄한 바 있다. 근대적 현상들에 대해 적대적인 태도를 취하기는 창조주의자들도 마찬가지이다. 예를 들어, 1920년대에 프라이스를 지지했던 창조주의자들은 무신론적인 공산주의와 진화론이 나라를 좀먹는다고 우려하였다.[51] 1963년에 창설된 창조연구회에 소속되어 있던 무어는 진화론과 좌익 정책이 서로를 지지한다고 보았고, 핵심 멤버 중 한 사람은 인종주의자이기도 하였다.[52] 미국기독교교육자협회라는 우익 창조주의자들의 경우에는 진화론 뿐만 아니라, 세속적 인문주의, 노동조합과 사회

---

51  로널드 넘버스·신준호 옮김, 『창조론자들』, 2016, 139쪽.
52  위의 책, 542.

주의 역시도 제거의 대상으로 여겼다.[53]

상기한 특징은 한국의 창조주의자들에게도 동일하게 나타난다. 이들에게도 역시 진화론은 거의 모든 도덕적 붕괴와 사회적 문제들의 원인이다. 진화론은 하나님과 성경보다 인간의 이성을 우월시하는 계몽주의의 오만한 태도에서 비롯된 것이고, 종국에는 교회의 쇠퇴와 나아가서는 나치와 같은 인종주의로 이어질 수밖에 없다.[54] 근대 이후 나타난 사회적 문제들은 신의 창조를 거부하고 생존경쟁을 정당화하는 진화론을 수용함에 따라 발생한 것이고, 따라서 근본적으로는 신의 창조를 기록하고 있는 성서의 내용들을 문자적으로 수용하기를 거부하는 태도 때문에 기인한 것이다.

창조주의와 지적설계론은 모두 진화론의 과학적 오류를 제시하고 이를 통해 스스로가 세계와 생명의 기원에 대한 과학적 대안모델이 될 수 있음을 보여주려는 전략을 채택하고 있다. 하지만 이들은 성서에 대한 강력한 종교적 신념을 과학의 영역으로 끌고 들어오고자 지속적으로 시도함으로써 과학의 방법론 자체를 부정한다는 점에서 결코 과학이 될 수 없다. 더군다나

---

53  위의 책, 746.

54  이에 대해서는: 이재만, 『타협의 거센 바람』, 두란노, 2017, 24f. 102ff.; 로버트 J. 리처드, 「다윈과 헤켈은 나치 생물학의 공범이었다?」, 로널드 L. 넘버스 엮음·김정은 옮김, 『과학과 종교는 적인가 동지인가』, 2010, 259-270쪽, 261f.

성서에 대한 이들의 이해 역시도 근대 이후에 심화된 학문적 연구의 성과들로부터 철저히 단절되어 있으며, 단지 전통적인 메시지를 지속적으로 반복하기만 할 뿐 신의 창조에 대한 성서의 기록들이 지니는 역사적이고도 실존적인 의미를 전혀 이해하지 못한다.[55] 말하자면 이들은 과학과 성서에 대한 이해라는 두 영역 모두에서 근대 이후에 이루어진 변화와 성과들을 수용하는 것을 거부하고 지속적으로 성서의 일부 창조이야기에 대한 전근대적인 주장을 반복하고 있는 것이다. 뿐만 아니라 근대 이후 새롭게 나타난 사회적 현상들 전체를 일부 성서구절을 근거로 거부한다는 점에서 창조주의자들은 근본주의자들과 함께 사회의 근대적 메타모르포시스에 대한 철저한 반대자들로

---

**55** 예를 들어, 6일 창조 이야기는 창세기 1장 1절부터 2장 4절 상반절에 걸쳐 기록되어 있는데, 이 본문은 더 큰 맥락에서 보자면 창세기 1장-11장에 이르는 원역사의 틀 가운데에서 기록되어 있다. 이 원역사는 12장에 나타나는 이스라엘의 조상인 아브라함이 야훼에게 선택되는 사건의 배경사가 되고, 아브라함의 선택은 다시금 출애굽기에 기록되어 있는 이스라엘의 이집트로부터의 해방사건의 배경사가 된다. 말하자면, 창세기는 세계와 생명의 기원을 과학적으로 진술하려는 목적에서 기록된 것이 아니고, 이스라엘의 야훼신앙과 민족형성의 출발점이 되는 이집트로부터의 해방이라는 사건을 지시하기 위한 배경으로서의 의미를 지닌다. 그리고 이 모든 사건들이 특히 바벨론 포로기(B.C. 6세기) 이후에 편집된 것임을 염두에 두면, 창세기의 창조이야기는 이스라엘이 이집트로부터 해방된 것처럼, 창조자로서 큰 권능을 지닌 신이 바벨론으로부터도 이스라엘을 해방시킬 것임을 암시하면서 야훼에 대한 신앙을 강화할 것을 촉구하는 의미를 담고 있다. 유감스럽게도 창조주의자들은 이러한 성서의 본래적인 역사적인 의미에 대해서는 단 한 마디도 언급하지 않는다. 이런 점에서 이들의 창조신앙은 외견상 성서에 기초한 것으로 보이지만 실제로는 성서의 본래적인 의미와 거의 아무런 관계가 없다.

기능한다. 아래에서는 교회라는 영역 안에서 발생한 이러한 반근대주의 운동으로서의 창조주의에 대한 사회학적 분석을 시도해 보고자 한다.

## 창조주의의 반근대주의에 대한 사회학적 분석

바로 위에서 살펴본 것처럼 지적설계론을 포함하는 창조주의자들의 배타적인 태도는 교회 내에서 발생한 반근대주의 운동의 일환이다. 이러한 반근대주의는 근대화 과정에 대한 일종의 반작용으로서 사실 그 자체로 사회의 근대화 과정의 부산물이라고 할 수 있다. 아래에서는 그 내적 기제를 하버마스의 사회체제 이론을 수단으로 하여 간략히 해명해 보고자 한다.

하버마스는 전근대적 사회로부터 근대 사회에로의 이행을 '생활세계'와 '체계'의 분리라는 이론틀을 통해 해명한다. 일찍이 막스 베버는 전통사회로부터 근대사회로의 전환의 핵심을 '합리화'라고 보았는데, 이 합리화는 문화적인 측면에서 보자면 종교적·형이상학적 세계상의 탈주술화가 이루어지는 것을 의미한다. 전통적인 사회에서는 자연, 사회, 자아와 같은 영역들 사이에 분화가 이루어지 않은 채 신화적 세계상 안에서 혼합된 채로 머물러 있다. 즉 자연에 대한 기술적 설명과 인간의 도덕, 문화적 규범 등에 대한 이해들이 세계의 시초에 대한 신화적 진술 가운데 혼재되어 나타난다는 것이다.[56]

반면, 근대화 곧 합리화는 신화적 세계상으로부터의 탈신화화를 통해 객관세계(자연), 사회세계(인간사회), 그리고 개인의 주관세계(자아) 사이의 분화가 발생하게 한다. 자연과 인간 사회, 개인의 내면성이 신화적 세계관으로부터 벗어나게 되고, 이로부터 세계에 대한 기술적 해명, 사회적 삶을 규정하는 법적, 경제적 체계의 형성 등이 이루어진다. 이로써 각각의 영역에서는 기존의 전통적 사회에서 일상적으로 통용되던 지식과는 상이하게 각각의 개별 영역(자연, 정치, 경제, 법, 문화 등)에 대한 효율적인 이해와 지배를 위한 합목적적 지식의 발전이 급속도로 이루어진다.[57]

생활세계와 체계로의 분화로 근대사회의 특징을 묘사하는 하버마스의 진술은 바로 상기한 베버의 근대화론의 맥락에 자리한다. 하버마스에게 있어서 사회의 근대화란 전통적인 삶의 양식과 가치관이 지배하는 생활세계로부터 각각의 독립적인 체계들이 분화되어 나가는 과정을 의미한다. 생활세계의 영역에서는 '배후지식' 혹은 "배후확신", 즉 귀속 구성원들 사이에서 자명한 것으로 전제되어 오던 삶의 원칙들이 지배하는 반면, 체계에서는 자연, 사회, 개인 등에 연관된 각각의 영역들을 합리적으로 즉 효율적으로 처리하는 것 자체가 목표로 추구된다.[58]

56  위르겐 하버마스·장춘익 옮김, 『의사소통행위이론』 1, 나남, 2006, 330ff.
57  위의 책, 129ff.

사실 하버마스가 해명하고자 하는 것은 생활세계와 체계의 분화로 인해 귀결되는 생활세계에 대한 체계의 식민화에 대항해서 생활세계 내부에서 사회통합을 위해 발생하는 의사소통행위의 메커니즘을 밝혀내는 것이다. 그 대표적인 사례가 바로 근대 이후 시장제도와 법률체계에 의해 생활세계가 잠식될 때 둘 사이의 간극을 메우기 위해 생활세계에서 발생하는 의사소통적 공론장의 역할을 강조하는 일이다.[59] 하지만, 생활세계와 체계의 분화에 대한 하버마스의 근대화에 대한 해명은 근대 이후 자연에 대한 합리적 해명으로서의 자연과학의 발전과 이에 대한 교회의 반근대주의적 저항을 이 관점에 입각하여 이해하는 데 도움을 준다.

생활세계와 체계의 분화라는 하버마스의 분석을 우리는 각각 창조자에 대한 신앙이라는 배후지식이 공유되는 '생활세계로서의 교회'와 세계의 탈신화화를 통해 객관세계 즉 생명(자연)에 대한 지식의 발전 그 자체를 지향하는 '진화론이라는 체계'의 분화로 적용해서 생각해 볼 수 있다. 다윈과 헉슬리는 생명에 대한 이해를 위해 '마치 신이 존재하지 않는 것처럼' 자연세계를 바라보는 방법론적 자연주의 혹은 방법론적 무신론을 도입하였다. 전통적인 생활세계로서의 교회 안에서 통용되던 기존의 신

---

**58** 위의 책, 132ff.

**59** 위르겐 하버마스·한상진, 박영도 옮김, 『사실성과 타당성』, 나남, 2000.

화적 설명방식은 생명체의 다양성을 '시초'에 '신'에 의해 정립된 것으로 설명하고자 하였지만, 방법론적 무신론을 통해 진화론은 합리적인 방식으로 자연 안에 내재해 있는 진화의 원리(자연선택)를 제시함으로써 자연에 대한 설명체계를 신화적 내러티브로부터 분리시켰다. 즉 진화론을 통해 교회라는 생활세계와 자연 자체에 대한 합리적 해명이라는 설명체계의 분화라는 근대화 작업이 이루어지게 된 것이다.

하버마스에 의하면 생활세계를 지배하는 배후지식은 구성원들의 삶을 규정하는 타당성이 당연한 것으로 전제되며, 체계에 의한 생활세계의 붕괴가 이루어질 때 생활세계 안에서는 사회 전체의 통합을 유지하게 위해 다양한 의사소통행위가 공론장의 영역에서 발생되게 마련이다.[60] 이에 기초해 보자면, 진화론에 대한 창조주의자들의 적대적 반응은 진화론이라는 지식 체계에 의해 신화적 세계상이 붕괴하고, 이로써 생활세계가 체계에 의해 붕괴되는 경험을 하게 되기 때문이다. 이들은 자연 그 자체에 대한 지식을 효율적으로 발전시키기 위한 방법론으로서의 자연주의를 곧바로 교회라는 생활세계 영역을 지배하는 종교적 유신론에 대한 도전으로 오해한다. 따라서 진화론이라는 체계에 의해 교회라는 생활세계의 타당성이 몰락하는 근대화 과정은

---

60 위르겐 하버마스·장춘익 옮김, 『의사소통행위이론』 2, 나남, 2006, 214ff.

이에 대한 저항으로서 체계 영역에 대한 다양한 의사소통행위를 촉발시킨다. 근본주의를 포함하여 모든 종류의 창조주의 운동들은 이렇게 근대화와 더불어 체계에 의해 생활세계로서의 교회가 잠식됨에 따라 교회 안에서 발생하는 일련의 의사소통행위 작업이며, 이런 점에서 그것 역시 근대화 과정의 산물이라고 분석할 수 있을 것이다.

하지만 근본주의와 창조주의는 모두 진정한 의미에서 의사소통행위라고 평가하기에는 무리가 있는 것도 사실이다. 왜냐하면, 하버마스에 따르면 의사소통은 그 행위 자체의 개방성과 민주적인 의사소통이 이루어질 때에야 비로소 그 정당성이 담보될 수 있는데[61], 이에 반해 근본주의와 창조주의에서는 체계와의 합리적이고 개방적인 의사소통 그 자체가 추구되는 것이 아니라, 거꾸로 교회라는 영역을 다른 체계와의 대립 관계 속에서 기존의 가치관과 이익을 보호하는 데에만 주목하고 있기 때문이다. 이는 다른 체계와의 상호이해를 증진하는 데 전혀 도움이 되지 않으며, 오히려 거꾸로 교회를 다른 체계에 대하여 대립적인 이익관계를 맺고 있는 여러 체계들 가운데 하나로 전락시켜 버리고 마는 위험성을 그 안에 지닐 뿐이다. 이런 점에서 보자면 하나의 생활세계로서 교회 안에서 통용되는 창조라

---

61  위의 책, 208f.

는 배후신념을 진화론이라는 과학체계와의 대화 가운데에서 그 의미를 재해명하고자 시도하는 교회 내부의 진화에 대한 수용적 관점들이 오히려 근대 사회의 변화에 따른 의사소통 작업을 수행하고 있다고 평가할 수 있다.

# 더 읽어볼 꺼리

『**이기적 유전자**』(리처드 도킨스·홍영남 옮김, 을유문화사, 2005, 23쪽)

동물은 유전자에 의해 창조된 기계에 불과하다.

"이 책이 주장하는 바는 사람과 기타 모든 동물이 유전자에 의해 창조된 기계에 불과하다는 것이다. 성공한 시카고의 갱단과 마찬가지로 우리의 유전자는 치열한 경쟁 세계에서 때로는 몇백만 년이나 생을 계속해 왔다. 이 사실은 우리의 유전자에 특별한 성질이 있다는 것을 기대하게 한다. 이제부터 논의하려는 것은, 성공한 유전자에 기대되는 특질 중에 가장 중요한 것은 '비정한 이기주의'라는 것이다. 이러한 유전자의 이기성은 보통 이기적인 개체 행동의 원인이 될 것이다.

그러나 앞으로 살펴보게 될 어떤 유전자는 한 개체에서 한정된 이타주의를 육성함으로써 자신의 이기적 목표를 가장 잘 수행할 수 있는 특별한 경우들이 있다. 전자의 '한정된(limited)'과 '특별한(special)'이라고 하는 용어는 중요한 말이다. 우리가 아무리 그렇지 않을 것이라고 믿고 싶어도 보편적 사랑이든 종 전체의 번영이든 이러한 것은 진화적으로는 있을 수 없는 일에 불과하다."

『**다윈 이후의 하느님. 진화의 신학**』(존 F. 호트·신재식 옮김, 한국
기독교연구소, 2011, 225쪽)

진화른 과학적 사실은 윤리를 부정하지 않는다.

"때로 진화과학자들은 자연이 인간의 행동 규범을 제대로 제
시하지 않는다는 점은 주장하는 근거로 부적응적인 생명체들에
대한 자연선택의 냉혹성을 예로 든다. 하지만 우리가 … 성급하
게 결론내리기 전에 우리 자신의 윤리적 이상주의로 인해 우주를
도덕에 대해 관심 없는 곳으로 여기게 된 것은 아닌지 생각해야
하고, 진화를 더 큰 우주적인 맥락 안에서 자세히 검토해 보아야
한다. 그렇게 하면 우리는 우주가 가치의 실현에 대해 근본적으
로 무관심하거나 적대적이지 않다는 점을 알게 될 것이다. 우주
는 언제나 아름다움의 영역을 확장하고자 하는 모험적인 성향을
가지고 있다. 다윈이 밝혀낸 과정은 아름다움의 범위를 확장해
가지만 우리 인간 행위의 기준에 부합되지 않는 형태로 그렇게
한다는 사실이 질서에 복잡성을, 통일성에 복수성을, 그리고
조화에 뉘앙스를 결합하는 형태로 아름다움을 확장해 간다는
사실에 대해 우리가 눈멀어야 한다는 이유는 되지 못한다.

우리는 우리 자신의 의미와 도덕성에 대한 우리 자신의 감각
과 바로 이 깊고도 영원한 아름다움의 강화를 향해 가는 진화의
모든 노력을 서로 연관시켜야 한다."

# 참고문헌

**유학과 과학의 만남** [성신형]

김　호, 『조선과학인물열전』, 휴머니스트, 2003.

문중양, 『조선후기과학사상사』, 들녘, 2016.

박성래, 『한국과학사상사』, 책과 함께, 2012.

이장주, 『우리 역사 속 수학 이야기』, 사람의 무늬, 2012.

이종호, 『조선시대 과학의 순교자』, 사과나무, 2018.

이창숙, 『조선의 수학자 홍정하』, 궁리, 2014; 2020

전상운, 『우리 과학 문화재의 한길에 서서』, 사이언스북스, 2016.

한국민족문화대백과사전, encykorea, aks.ac.kr

한국민속대백과사전, folkency.nfm.go.kr


**종교와 과학의 만남** [설충수]

오상학, 『조선시대 세계지도와 세계인식』, 창비, 2012.

임종태, 『17, 18세기 중국과 조선의 서구 지리학 이해』, 창비, 2012.

정기준, 『고지도의 우주관과 제도원리의 비교연구』, 경인문화사, 2014.

가와사라 히데키지음, 안대옥옮김, 『조선수학사: 주자학적 전개와 그 종언』,
　　예문서원, 2017.

윌리엄 J.보어스트, 임진용 역, 『티코 브라헤: 천체도를 제작하다』, 대명,
　　2003.

나일성, 『한국천문학사』, 서울대학교출판부, 2000.

고미숙, 『두 개의 별 두 개의 지도』, 북드라망, 2018.

권용우, 안영진, 『지리학사』, 한울아카데미, 2001.

알프레트 헤트너 지음, 안영진 옮김, 『지리학1-역사, 본질, 방법』, 아카넷,
　　2013.

주겸지, 전홍석 옮김, 『중국이 만든 유럽의 근대』, 청계출판사, 2010.

줄리오 알레니, 천기철 옮김, 『직방외기』, 일조각, 2005.

신후담, 김선희 옮김, 『하빈 신후담의 돈와서학변』, 사람의 무늬, 2014.

쩌우전환 지음, 한지은 옮김, 『지리학의 창으로 보는 중국의 근대』, 푸른역사, 2000.

Nicolas Trigault, 金尼閣, 利瑪竇, 『利瑪竇中國箚記』, 廣西師範大學出版社, 2001.

楊雨蕾, 『燕行 : 與中朝文化關系』, 上海辭書出版社, 2011.

郭亮, 『十七世紀歐洲與晚明地圖交流』, 商務印書館, 2014.

熊月之, 『西學東漸與晚清社會』, 中國人民大學出版社, 2010.

## 교회가 진화론을 만날 때: 과학과 교회의 상호 메타모르포시스, 그 역사와 전망 [이용주]

넘버스, 로널드 L · 신준호 옮김, 『창조론자들』, 새물결플러스, 2016.

다윈, 찰스 · 장대익 옮김, 『종의 기원: 자연 선택을 통한 종의 기원에 관하여 또는 생존 투쟁에서 선호된 품종의 보존에 관하여』, 사이언스북스, 2019.

도킨스, 리처드 · 이용철 옮김, 『눈먼 시계공』, 사이언스북스, 2004.

_____ · 홍영남 옮김, 『이기적 유전자』, 을유문화사, 2005.

_____ · 이한음 옮김, 『만들어진 신』, 김영사, 2007.

두프리, 헌터, 「다윈시대 기독교와 과학 공동체」, 데이비드 C, 린드버그, 로널드 L, 넘버스 · 박우성, 이정배 옮김, 『신과 자연, 기독교와 과학, 그 만남의 역사』 하권, 이화여자대학교 출판부, 1999.

로버츠, 존 H, 「다윈의 진화론이 자연신학을 파괴했다?」, 로널드 L, 넘버스 엮음 · 김정은 옮김, 『과학과 종교는 적인가 동지인가』, 2010.

리빙스턴, 데이비드 N, 「진화에 관한 헉슬리와 윌버포스의 논쟁은 헉슬리의 완승으로 끝이 났다?」, 로널드 L, 넘버스 엮음 · 김정은 옮김, 『과학과 종교는 적인가 동지인가』, 2016.

리처드, 로버트 J, 「다윈과 헤켈은 나치 생물학의 공범이었다?」, 로널드 L, 넘버스 엮음·김정은 옮김, 『과학과 종교는 적인가 동지인가』, 2010.

모루스, 이완 라이스 외·임지원 옮김, 『옥스퍼드 과학사』, 반니, 2019.

미국창조과학연구소·정병갑 옮김, 『창조과학백과』, 생명의 말씀사, 2016.

밀리오리, 다니엘·신옥수, 백충현 옮김, 『기독교 조직신학개론』, 새물결 플러스, 2012.

양승훈, 「한국에서의 창조론 운동」, 『창조론오픈포럼』 12, 2018.

이재만, 『타협의 거센 바람』, 두란노, 2017.

이진구, 「해방 이전 한국개신교의 진화론 인식」, 『종교연구』 77, 2017.

임번삼, 「지상강좌: 진화론, 창조론, 그리고 유신진화론」: http://www.kacr.or.kr/library/print.asp?no=534 (2020.3.12. 접속)

존슨, 필립 E.·이승엽, 이수현 옮김, 『심판대의 다윈: 지적 설계론 논쟁』, 까치글방, 2006.

최태연, 「한국에서의 유신진화론 논쟁」, 『신앙과 학문』 9, 2004.

포스터, 존 벨라미 외·박종일 옮김, 『다윈주의와 지적 설계론』, 인간사랑, 2009.

하버마스, 위르겐·장춘익 옮김, 『의사소통행위이론』 1&2, 나남, 2006.

_____, 한상진·박영도 옮김, 『사실성과 타당성』, 나남, 2000,

한국창조과학회 엮음, 『당신이 몰랐던 유신진화론』, 세창미디어, 2016.

헤이네스, 스티븐·매켄지, 스티븐 엮음·김은규, 김수남 옮김, 『성서비평 방법론과 그 적용: 역사비평에서 사회과학적 비평을 거쳐 해체주의 비평까지』, 대한기독교서회, 1997.

호트, 존 F., 신재식 옮김, 『다윈 이후의 하느님, 진화의 신학』, 한국기독교 연구소, 2011.

_____, 『신과 진화에 관한 101가지 질문』, 지성사, 2004.

Behe, Michael, *Darwin's Black Box: The Biochemical Challenge to Evolution*, New York: The Free Press, 1996.

Davis, Percival & Kenyon, Dean H, Of Pandas and People: The Central Question of Biological Origins, Dallas: Haughton Pub,

Co., 1993.

Gould, Stephen J, Rocks of Ages: Science and Religion and the Fullness of Life, New York: Ballantine, 1999.

## 집필진 소개

### 성신형

숭실대학교 영어영문학과 학사, 미국 게렛신학교 박사(Garrett-Evangelical Theological Seminary).

대표논저: *Otherness and Ethics: An Ethical Discourse of Levinas and Confucius(Kongzi)*(2018), 「한국적 판타지 내러티브 분석과 기독교윤리의 만남」(『기독교사회윤리』 제50호, 2021) 외.

### 설충수

장로회신학대학교(Th.B/M.Div), 숭실대학교 대학원 동양철학(M.A), 중국 북경대학 철학, 종교학과(Ph.D).

대표논저: 『방지일과 산동선교』(2018), 「제임스 레그의 비교종교연구에서 드러난 유교일신론(儒敎—神論) 고찰」(『한국기독교와 역사』, 2012), 「제임스 레그와 호레이스 G. 언더우드(Horace G.Underwood)의 신관비교연구」(『장신논단』, 2012), 「존 프라이어(John Fryer) 연구: "그는 선교사인가 과학 전파자인가?"」(『韓國敎會史學會誌』, 2020) 외.

### 이용주

연세대학교 신과대학 신학과(B.A.), 연세대학교 대학원 신학과(Th.M.), 독일 튀빙겐 대학 신학과(Dr. Theol.).

대표논저: *Unterwegs zum trinitarischen Schöpfer: Frühphilosophie Schellings und ihre Bedeutung für die gegenwärtige Schöpfungstheologie*(2010), "Die Rezeption Karl Barths in Korea"(*Theologische Literaturzeitung* 139, 2014), "Öffentliche Theologie für Privatisierung der Religion: Zur Überwindung der Entprivatisierungsthese am Fall von Adolf von Harnack"(*Neue Zeitschrift für Systematische Theologie und Religionsphilosophie* 63(4), 2021) 외.

메타모포시스 교양문고 2

**동아시아 속 종교와 과학의 만남**

2022년 3월 30일 초판 1쇄 펴냄

**저  자** 성신형·설충수·이용주
**발행인** 김흥국
**발행처** 보고사

**책임편집** 이경민
**표지디자인** 오동준

**등록** 1990년 12월 13일 제6-0429호
**주소** 경기도 파주시 회동길 337-15 보고사
**전화** 031-955-9797(대표), 02-922-5120~1(편집), 02-922-2246(영업)
**팩스** 02-922-6990
**메일** kanapub3@naver.com / bogosabooks@naver.com
http://www.bogosabooks.co.kr

ISBN  979-11-6587-296-0  94300
       979-11-6587-170-3  94080(세트)
ⓒ 성신형·설충수·이용주, 2022

이 저서는 2018년 대한민국 교육부와 한국연구재단의 지원을 받아 수행된
연구임(KRF-2018S1A6A3A01042723).